# 健美操发展创新思考与技能训练研究

张锦锦 著

吉林人民出版社

图书在版编目（CIP）数据

健美操发展创新思考与技能训练研究 / 张锦锦著. -- 长春：吉林人民出版社，2021.8
ISBN 978-7-206-18404-8

Ⅰ.①健… Ⅱ.①张… Ⅲ.①健美操—运动训练—研究 Ⅳ.① G831.32

中国版本图书馆 CIP 数据核字（2021）第 173882 号

责任编辑：田子佳
装帧设计：皓　月

## 健美操发展创新思考与技能训练研究
JIANMEICAO FAZHAN CHUANGXIN SIKAO YU JINENG XUNLIAN YANJIU

| | |
|---|---|
| 著　者：张锦锦 | |
| 出版发行：吉林人民出版社（长春市人民大街7548号　邮政编码：130022） | |
| 咨询电话：0431-85378007 | |
| 印　　刷：三河市嵩川印刷有限公司 | |
| 开　　本：710mm×1000mm | 1/16 |
| 印　　张：12 | 字　　数：210千字 |
| 标准书号：ISBN 978-7-206-18404-8 | |
| 版　　次：2021年8月第1版 | 印　　次：2022年1月第1次印刷 |
| 定　　价：55.00元 | |

如发现印装质量问题，影响阅读，请与印刷厂联系调换。

# 前 言

随着我国近年来高校体育教学事业的不断发展,我国当前的高校体育教学体系当中,课程内容在不断地完善,课程体系在不断地丰富。高校健美操运动受到了大学生的广泛热爱,而且健美操运动也已经成为现代高校体育教学工作当中的一个重要教学内容。健美操运动在当前的高校体育教学当中得到普及具有着非常深远的重要意义,不仅能够更好地帮助学生提高自身的身体素质,也能够很好地培养学生的兴趣爱好。

本书以"健美操发展创新思考与技能训练研究"为选题,在内容编排上共设置六章,第一章主要阐释健美操运动的起源与发展历程、健美操运动的类型与特征、健美操运动的健身与心理价值、健美操运动的美学与社会价值;第二章是健美操发展创新的基本要素,内容包含健美操运动相关术语解读、健美操基本动作特点与分类、健美操音乐的特点与作用、健美操音乐的选择和应用;第三章探讨健美操教学的创新发展,内容涉及健美操教学的理论依据、健美操教学规律与原则、健美操教学的方法创新、健美操教学能力的要求与培养;第四章分别从健美操创编的意义与原则、健美操创编的依据与要素、成套健美操创编的理论基础、竞技健美操规则对创编的影响与对策,研究健美操创编与竞技健美操创编发展;第五章是对健美操基础技术训练及其发展的研究,内容涉及健美操技术训练原则与内容方法、健美操技术训练难度与技巧分析、健美操技术体能训练与心理训练、念动训练在健美操技术训练中的创新应用;第六章突出前沿性,探究健美操运动的发展现状与趋向、竞技健美操动作的创新、健身性健美操理论与实践创新发展、高校竞技健美操的未来发展趋向。

本书内容立足实际,增强针对性,突出创新,从学生的实际健康和运动需求出发,满足我国高校学生学习健美操的需求。全书注重撰写的时效性和实用性,对我国健美操运动教学创新和技能训练具有重要的理论和现实意义。

笔者在撰写本书的过程中，得到了许多专家学者的帮助和指导，在此表示诚挚的谢意。由于笔者水平有限，加之时间仓促，书中所涉及的内容难免有疏漏之处，希望各位读者多提宝贵意见，以便笔者进一步修改，使之更加完善。

# 目 录

## 第一章　健美操运动概述 …………………………………………… 1

- 第一节　健美操运动的起源与发展历程 …………………………… 1
- 第二节　健美操运动的类型与特征 ………………………………… 4
- 第三节　健美操运动的健身与心理价值 …………………………… 11
- 第四节　健美操运动的美学与社会价值 …………………………… 26

## 第二章　健美操发展创新的基本要素 ……………………………… 37

- 第一节　健美操运动相关术语解读 ………………………………… 37
- 第二节　健美操基本动作特点与分类 ……………………………… 46
- 第三节　健美操音乐的特点与作用 ………………………………… 54
- 第四节　健美操音乐的选择和应用 ………………………………… 59

## 第三章　健美操教学的创新发展 …………………………………… 66

- 第一节　健美操教学的理论依据 …………………………………… 66
- 第二节　健美操教学规律与原则 …………………………………… 70
- 第三节　健美操教学的方法创新 …………………………………… 74
- 第四节　健美操教学能力的要求与培养 …………………………… 88

## 第四章　健美操创编与竞技健美操创编发展 ……………………… 93

- 第一节　健美操创编的意义与原则 ………………………………… 93
- 第二节　健美操创编的依据与要素 ………………………………… 97
- 第三节　成套健美操创编的理论基础 ……………………………… 100

第四节 竞技健美操规则对创编的影响与对策……………………106

# 第五章 健美操基础技术训练及其发展……………………121
第一节 健美操技术训练原则与内容方法……………………121
第二节 健美操技术训练难度与技巧分析……………………132
第三节 健美操技术体能训练与心理训练……………………136
第四节 念动训练在健美操技术训练中的创新应用……………155

# 第六章 健美操运动多元发展创新趋向研究……………………159
第一节 健美操运动的发展现状与趋向……………………159
第二节 竞技健美操动作的创新研究……………………166
第三节 健身性健美操理论与实践创新发展……………………171
第四节 高校竞技健美操的未来发展趋向……………………179

结束语……………………182

参考文献……………………183

# 第一章 健美操运动概述

## 第一节 健美操运动的起源与发展历程

### 一、国际健美操运动的起源与发展历程

健美操的起源可追溯到两千多年前，那时的古希腊人出于朴素的唯物主义观点和乐观主义精神，把身体的健美、力量与生命联系起来，认为世界万事万物之中，唯有健美的人体才是最匀称、最和谐、最庄重、最有生气和最完美的。早在2400年前，古希腊雕刻家米隆塑造了一个显示男子健与美的典型——"掷铁饼者"，这是古希腊人崇尚人体美的历史见证；爱神维纳斯就是当时希腊人心目中最理想的女子健美楷模。古希腊人喜爱采用跑、跳、投掷、柔软体操和健美舞蹈等各种体育项目进行人体美的锻炼，同时提出了"体操锻炼身体，音乐陶冶精神"的主张，对人体美的崇尚举世闻名。

通过练习起源于印度的瑜伽可以有效调节人体与心灵的平衡，瑜伽的理念在于人与自然的关系，很多动作的灵感来源于天地万物。瑜伽练习可以使人身体完全得到伸展，精神得到放松与恢复，对身体体质和心灵起到有效的均衡作用。健美操早期起源的动作主要包括：站、立、跪、坐、卧等基本姿势，随着健美操的发展，在原有基础姿势上又衍生出一系列健美动作并加入音乐，让健美操变得更加有律动感。现代健美操的形式更加多元化，也更加符合现代人对形体的需求标准。

随着时代的发展，人们摄入营养的变化，现代人与古代人在健身需求上也有所不同，现代健美操在20世纪60年代应运而生。现代健美操早期的形成是为了配合宇航员太空训练而做的创新和变革。在原有健美操的基础上融合了音乐以及训练器材，具备音乐节奏感的健美操很快受到当时健身人士的追捧。1969年，

健美操中融入了现代舞和体操的元素，让健美操具备的时代化特征更明显，也更加受到大众的喜爱，接受度更强。

健美操的兴起关键在于人们的推动和传播。在这个过程中，健美操杰出人士简·方达从人类体态的需求和动作的规范化出发，出版了同名健美操书籍《简·方达健美操》和录像带，一经出版就立刻受到了人们的追捧，流传至今成为健美操经典。《简·方达健美操》到目前为止已经被翻译成几十种文字传播到世界各地，为健美操运动的兴起做出了突出的贡献。经过长时间的传播和发展，健美操已经成为备受世界各地人们喜爱的一种运动。健美操兴起于欧美发达国家，经过几十年的传播和发展，早已发展到世界各地，部分发展中国家也开始流行健美操。健美操的传播体现在不同形式上，最直观的是起宣传作用的书籍和音频，以及在健身房直接开设健美操课程和培训体系。

美国具有较大的健美操市场，美国全国各地分布着不同规模的健美操健身房和场所，练习健美操的人群年龄分布广泛，是对健美操发展有着较大影响的国家。美国既推动了塑造体型、健康身心的健身健美操的发展，同时又是竞技健美操的创始国。美国作为健美操代表国家，在推动健美操全世界传播与发展中做出重要贡献。美国本土健身人群热衷于健美操活动的多样化举办和推广，衍生出一系列针对健美操的竞技运动赛事，来提高人群的参与度和兴趣度，美国也就顺其自然地成为运动赛事举办的主场地。

欧洲各国人士也是热衷于健美操运动的主要人群，在欧洲流行健美操运动的国家包括俄罗斯、意大利、罗马、法国、德国等大部分发达国家。欧洲国家为了普及国民健身意识，提高身体素质，将健美操内容有意识地加入到在校生体育课程中，教学指导明确提出健美操概念并形成系统化课程。为了迎合民众兴趣爱好，电视节目推出健美操特别节目，在当时风靡全国。

健美操在亚洲也得到了迅猛发展。亚洲健美操的发展晚于欧美国家，但是随着社会民众需求不断增加，亚洲健美操的发展逐渐超过欧美国家，主要体现在中国、日本、韩国、新加坡和东南亚部分国家。健美操在亚洲的发展最早起源于日本的引入和推广。日本为了提高人们对于健美操的参与度和积极性，将运动赛事和健美操健身相结合，并且在日本设立国际健美操联合会，吸引世界各地的健美操爱好者。

## 二、我国健美操运动的起源与发展历程

中华人民共和国成立后，我国努力提高民众身体素质，20世纪80年代，健美操作为一个推广性运动进入民众生活，备受社会大众喜爱，也得到我国国家政策性的引导支持。由于健美操的音乐律动性和节奏感，使其在我国青少年中备受欢迎。北京体育大学在1985年整理出一套符合我国青少年身体素质的健美操，称之为第六套健美操"青年韵律操"，推出之后首先试用于全国各大高校青年学生，并在大学里推出健美操选修课，增加校内学生健美操课程学习的系统化。

随着高校课程的需求，北京体育大学在1986年编辑了我国首套权威性的健美操课程教材书《健美操试用教材》，使健美操在全国高校中得到进一步推广，也受到学生们的欢迎和喜爱。在国家教育部的引导和高校的推广下，健美操由青年团体逐步推广到全国各地各个阶层人群中，得到了非常好的回馈和响应。1987年，中央电视台联合学院和研究所发起了一场关于健美操的运动赛事"长城杯"，随后又分别组织了少年儿童、青年、中老年健美操赛事，赛事以健身为主要目的，健美操作为比赛内容。但是由于当时环境和技术的局限，赛事的举办并不成熟完善，也不具备系统规模性。

20世纪90年代初，民众对于健美操的认识和学习逐步规模化、系统化，我国成立了健美操协会，健美操赛事举办越来越正规化。目前，我国每年都要举办各种健美操比赛，如全国健美操锦标赛、全国大学生健美操比赛和全国职工健美操比赛等。1997年开始，全国健美操锦标赛增加了中老年组的比赛，扩大了规模和影响，吸引了更多的人参与健美操运动，使健美操运动在中国健康有序地发展。

近年来，我国健美操的国际交往也逐步增加。1987年，我国组建的健美操队首次走出国门，前往日本交流学习。1987年，我国举办了"长城杯"健美操友好邀请赛，健美操在我国的发展逐渐专业化、国际化。1995年，我国参加了法国举办的健美操锦标赛，正式进入国际级赛事。1998年，随着健美操协会归于体操中心，我国更加重视健美操运动与国际间的友好交流，我国民众身体素质不断增强，在健美操国际运动赛事表现出更加积极的参与热情。1998年，日本、意大利、美国都举办了健美操大型赛事，我国积极响应支持并参与其中，我国民众也对赛事的参加表现出了高度的热情，虽然成绩较为普通，但作为我国健美操正式走入世界平台，这是一个好的开始。

2006年6月1日至3日,在江苏省南京市举行的第九届世界健美操锦标赛上,中国选手敖金平获得男子单人操冠军,实现了中国在世锦赛上金牌零的突破。中国选手在本次世锦赛的5个单项中获得两金两银一铜,全面创造了中国队在世锦赛上的最好成绩。

2007年5月12日,在法国举办的第三届世界杯总决赛中,中国健美操队获得两金、一银、一铜,总分第一的佳绩。

2010年6月17日至21日,在法国举行的健美操世界锦标赛上,中国健美操队获得一金、一银、一铜的优异成绩。

2011年2月24日至27日,在法国举行的健美操世界杯系列赛(第一站),我国健美操运动员大获全胜,把比赛五个项目的金牌全部摘入囊中。

2011年5月12日至15日,在保加利亚举行的健美操世界杯系列赛(第二站),有24个国家的700多名运动员参赛,中国健美操队在本次比赛中获得四金一银的优异成绩。

2012年6月4日,在保加利亚索菲亚举行第12届健美操锦标赛事中,我国取得了前所未有的优异成绩,参赛选手荣获四枚金牌和两枚铜牌,其中三位属于蝉联世界冠军。

2018年"民体杯"全国民族健身操比赛的规定套路为第十一届全国民族运动会民族健身规定套路,比赛执行国家民委、国家体育总局2018年审定的《民族健身操竞赛规则》,依据比赛成绩录取前8名,设一等奖1名、二等奖3名、三等奖4名,来自全国的18个省市代表队,共320名选手参加了此次比赛。

## 第二节 健美操运动的类型与特征

**一、健美操运动的类型划分**

目前健美操运动的种类繁多,根据其目的和任务可以分成三类:健身性健美操、竞技性健美操和表演性健美操。健身性健美操的宗旨是"健康第一";竞技性健美操的目的是获得佳绩、夺得冠军;表演性健美操的目的是为了娱乐、观赏,追求形体美和愉悦性。

(一)健身性健美操

健身性健美操也称为大众健美操,它有音乐节奏鲜明、旋律轻松愉快、音乐速度较慢、动作简单、运动强度较低、动作形式多、以对称的方式出现、重复次数多、场地要求少、随意性大等特点。健身性健美操主要以健身、健美、健心为目的,集健身、娱乐、防病于一体的群众性和普及型健身运动。健美操的练习形式分为热身部分、有氧练习部分、形体练习和放松部分等几大块,成套动作一般是从头颈、四肢、全身、跳跃、放松等练习顺序来编排。活动的顺序是从身体的远端开始,逐渐过渡到躯干部位。健身性健美操适合人群广泛,是一项很好的体育休闲、娱乐健身活动。根据不同的分类标准可以将健身性健美操分为以下方面:

(1)根据年龄划分。根据人在不同年龄阶段的不同生理、心理、体态、体能等特征和锻炼需要,将健身性健美操分为老年健美操、中年健美操、青年健美操、少儿健美操、幼儿健美操等。

(2)根据性别划分。按照性别分为男子健美操和女子健美操。男子健美操的动作设计突出"阳刚",动作幅度大而有力;女子健美操的动作设计突出"阴柔",强调的是艺术性和柔美性。

(3)根据人数划分。按照人数主要划分为单人、双人、三人、六人和集体健美操。集体健美操在练习时,除了包括平时锻炼的动作外,往往增加一些动作组合和队列、队形的变化,以反映练习者平时锻炼的情景。

(4)根据人体解剖部位划分。按人体解剖部位划分为颈部健美操、肩部健美操、手臂健美操、胸部健美操、腰腹部健美操、髋部健美操、腿部健美操等。这主要是针对人体某个部位进行针对性的健身锻炼。例如,腿部健美操主要锻炼腿部肌肉功能以及关节的灵活性。

(5)根据练习形式划分。按照练习的形式可以划分为徒手健美操、持轻器械健美操、专门器械健美操等,其中徒手健美操最为常见;持轻器械健美操中常用的器械有哑铃、球、橡皮带、彩带、棍等;专门器械健美操中常用的器械有踏板、健身球、圆盘、体操垫、健身器等。

(6)根据动作风格划分。按照动作风格划分为拳击健美操、搏击健美操、拉丁健美操、迪斯科健美操、武术健美操、舞蹈健美操、仿生健美操等。不同动作风格的健美操就是在传统健美操的基础上结合了其他不同运动项目的元素而形成的。例如,拉丁健美操中就是结合了恰恰、伦巴、桑巴等各种拉丁舞的元素,再结合现代健美操的基本步伐，使其动作丰富、时尚。

（7）根据目的和任务划分。按照目的和任务划分为形体健美操、康复健美操、热身健美操、韵律健美操、姿态健美操、保健健美操和减肥健美操、产后健美操等。

（二）竞技性健美操

竞技性健美操是根据竞赛规则与技术规程的要求，创编出的具有较高艺术性、展示运动员高水平专项技术能力的成套动作，以比赛取得优异成绩为主要目的的竞技运动。竞技健美操只进行自编动作比赛，自编动作必须符合要求，每套动作有一定的时间限制，成套的动作要根据其基本步伐、特色、难度、完成情况、时间、体型等各种因素来评分。

六人操项目已取消，现有男子单人操、女子单人操、混合双人操、三人操、五人操、有氧舞蹈、有氧踏板。并且为了保证比赛的规范性和公正性，对各项参赛人数、比赛场地、参赛服装和成套动作的时间等都做了严格的规定。

国际上较大规模的竞技性比赛有国际体操联合会（FIG）组织的健美操世界锦标赛；国际健美操冠军联合会（ANAC）组织的世界健美操冠军赛；国际健美操联合会（IAF）组织的健美操世界杯赛等。

我国正式的大型竞技健美操比赛有全国健美操锦标赛、全国健美操冠军赛、全国青少年健美操锦标赛等。

（三）表演性健美操

表演性健美操是指根据不同目的、场合、要求、表演者等情况进行编排，并在各种节日庆典和宣传活动中表演的健美操。表演性健美操的主要目的就是为了"表演"，在表演性健美操中竞赛规则、比赛人数、形式、规模及动作的设计和选择限制性较小，自由度较大，目的是为了使比赛更具观赏性。通过表演来展示健美操的魅力、价值和活力，使观众在观赏中陶冶情操、愉悦身心、净化心灵，同时起到宣传和推广健美操的作用。

表演性健美操的比赛时间一般为2~5分钟，内容可以根据需要和表演者的特点选择。为了取得较好的表演效果，一般动作重复较少，音乐速度可快可慢，强调动作的新颖性。表演者可以利用轻器械或一些风格化的舞蹈动作来烘托气氛、感染观众、增加表演效果。表演性健美操常用的形式有有氧拉丁操、有氧搏击操、健身街舞、踏板操等。由于表演性健美操的动作比健身性健美操的动作复杂多变，因此要求表演者要具备较好的协调性，还要有一定的表演意识和集体配合的意识。

表演性健美操主要分为以下三种：

（1）健身表演类健美操。健身表演性健美操主要有健身健美操、踏板操和搏击操，在这类操的创编中，需要有意识地强调该类健美操本身特点的动作，尽可能地展示动作本身给身体带来的作用，集中展示其精华部分。

（2）技巧表演类健美操。展示技巧类健美操强调以高难度动作等技术作为支撑，并融合技巧的成分，动作难度大是展示技巧类健美操的主要特征。

（3）艺术表演类健美操。艺术表演性健美操突出的是其外在艺术性。主要用于大型比赛和活动的开幕式或中场休息，以及新产品展示或活动现场，主要是为了吸引观众眼球，丰富群众体育文化生活；从外在展示上来说，突出的是动感美、活力美和韵律美。

## 二、健美操运动的主要特点

（一）健美操运动的总体特点

1. 美学特点

健美操这一体育项目与其他项目最为不同的一点是，健美操运动是以自然人体为对象的，是让练习者运用自己的力量来实现自身关于人体美的追求。健美操从本质上来说是一种人体运动的方式，所讲究的是动作既要美观又要大方，而且还要在音乐的伴奏中，准确地将动作展现出来，符合节奏的规律。同时，在健美操训练的过程中，还要有效地运用身体的各个部位，使人体能够和谐地发展，培养比较匀称健美的体形。健美操不仅注意培养练习者的外在美，而且还要注意对练习者的内在美的培养。因为人体运动是受主观意识指挥的一种精神作用的外在表现，所以人体又能在运动的过程中体现出意志、道德、情操、情感、作风、气质等内在美。健美操所表现出的力与美，即外在美与内在美，构成了健美操的美学特点。

2. 力度特点

健美操运动不论是它的技术动作，还是它的难度动作都是以力度为基础的，它所表现的力是力量、弹力、活力的综合。健美操动作所要求的力度和力量性是非常强的，它要求练习者在进行健美操动作时要展现出较高的力度感。健美操的这种力量性不同于体操的力量性，因为它没有体操的呆板性，其力量表达是更为自然的；健美操的这种力量性也不同于舞蹈的力量性，因为它没有舞蹈抒情性，其力量表达是更趋向于较为欢快、有力的力量展现方式。健美操的力度性具有强烈的感染力，是最能表达人的"个性"的。其运动方式所表现出的力与众不同，也是健美操的一个显著特点。

3. 音乐特点

音乐是按一定规律运动着的声音，它能唤起人们长期积累起来的生活艺术的实践经验，使人在头脑中恢复某些事物之间的联系或形成某些事物联系关系的重新组合，使人们产生艺术联想。这种联想是形象性的，是以直接或间接的生活实践经验为依据的。音乐对人的情感、情绪变化以及对人体的运动都会产生重要的影响。关于健美操运动为何能够受到人们的喜爱，在研究中，发现不仅是因为健美操本身的功效性，还因为现代音乐给健美操带来了活力。当练习者一听到这种旋律优美的音乐及强劲的节奏之后，便会产生一种自然的、想参与的刺激作用。健美操音乐的旋律是轻快、优美或浑厚、沉稳、热情、奔放的，而绝不应是哀怨、消沉、伤感的颓废之音。音乐曲调健康活泼能振奋精神，消除身心紧张和疲劳，获得心理和生理上的平衡。

4. 创新特点

人体的结构是复杂的，情绪是丰富的，并且性格还是迥异的，这也在一定程度上决定了健美操动作的丰富性。在健美操的动作中，不仅保留了徒手体操中各种类型的基本动作，而且还吸收了相关的运动项目和艺术门类中的许多动作，再经过提炼、升华，从而使之成为具有健美操风格的动作。健美操动作通过七种基本步伐的变化和组合，身体关节面和轴的变化，各种队形的点、线及方向的变化，极大地丰富了健美操的内容，同时为健美操的创编提供了源源不断的素材。所以，不断创编出新颖的健美操动作是有利于健美操的发展的。

（二）健身性健美操运动的主要特点

（1）音乐的节奏性特点。根据实践可以发现有节奏的运动能够使人的身体呈现最适宜的协调性，人们在收听音乐的过程中，会根据音的高低、快慢等节奏的变化，而产生相应的身体的韵律感，从而可以在做健美操运动的时候更能够充满活力。健美操的音乐与普通的音乐相比的话，其不同之处是，健美操的音乐更能够激发健美操学员的情绪，能够使健美操学员在完成动作的过程中准确地把握每一个节拍，而且还能够陶冶健美操学员关于"美"的情操，消除和延缓其在练习健美操过程中的疲劳，增强健美操的练习效果。只有按照健美操的音乐来做动作时，才更能够展现出健美操的节奏性，才能使练习者从中体会锻炼给身体带来的变化。同时，调节人的思想情绪，提高人对美的鉴赏能力。

（2）运动过程的有氧性特点。健身性健美操在组合编排、动作设计方面始终遵循有氧运动的规律，保证练习者在长时间运动时摄入足够的氧以便促进体内脂肪的氧化分解，加快体内的新陈代谢，消除体内多余的脂肪，强化呼吸系统、心血管系统的机能，增进健康、增强体质。

（3）身体的节律性弹动特点。健身性的健美操所展现出来的是动作的节奏性，并且其节奏性是与健美操音乐的节奏相吻合的，是根据健美操音乐的节拍来完成各种各样的步伐。在动作过程中，身体节奏性的弹动是动作连续流畅完成的基本前提。

（4）健身的实效性特点。健身性健美操的目的是在健身的基础上把形体美、姿态美、动作美和精神美有机地结合起来，既注重外在美的训练，又强调内在美的培养。它是为了锻炼人们的身体，使其能够健美的发展，并且以人体解剖学等学科的理论为基础进行编排的。健美操的动作幅度一般是比较大的，其动作内容与其他运动相比也是比较多的。在全面锻炼人体的基础上，还可以对身体某一部位进行有针对性的锻炼，如胸部健美操、腰腹健美操、形体健美操等，让人们在练习健美操的过程中，不仅可以锻炼自己的身体，还可以对自身的身体形态进行修正，这种健与美的统一，正是健美操本质特征的表现。

（5）身体姿态的控制性特点。健美操对于身体姿态的控制性是极强的，因为在练习健美操动作的过程中，不管健美操的动作是多么复杂，对于整个身体的要求是必须控制在标准健康位置之内。无论是进行徒手健美操练习，还是轻器械健美操练习，都必须保持身体姿态的健康位置。通过对身体姿态的控制来体现动作的速度、幅度等，展现健美操的动作特点。并通过对身体姿态的控制来提高人体的体态美，实现健美操健身的功效。

（6）广泛的适应性特点。练习健美操的形式是多样的，并且在练习健美操的过程中，对于人的运动量的大小都是可以由练习者本身自我控制的，对于健身的场地要求也不是很高。健美操这一健身性的运动是适合各个年龄层的，对于性别、身体素质等方面也没有要求，是具有广泛群众性的健身性运动。健美操的娱乐性主要体现在人们在锻炼过程中所感受到的关于"美"的愉悦感。随着社会的发展，经济的进步，人们在享受物质生活的同时，对于精神文化的需求也越来多。人们在不忙于工作的闲暇时间都在寻找能够释放压力的娱乐和锻炼方式。健美操是时代的产物,它那种激情奔放的动作和明快舒畅的音乐,可使人们在健美操锻炼的过程中消除在工作中产生的压力,得到情感上的释放。

(7)健身的安全性特点。健身性健美操的动作以及运动节奏,是符合人体运动规律的,并且其运动量也是人们所能够负荷的,是适合各种体质进行锻炼的有氧运动,可以使每个健身者在其体能所能承受的范围内进行身体的操练,从而可以在安全的范围内进行锻炼,达到快乐健身的目的。

(三)竞技性健美操运动的主要特点

(1)以传统健美操为基础。竞技健美操保留了传统健美操的基本特点,如动作的弹性与控制、传统健美操中常用的七种基本步伐以及体现肌肉力量的动作。不同于传统健美操的是竞技健美操的动作幅度更大、力度更强、速度更快,给观众的视觉感受更深刻、更有刺激性。竞技健美操是以传统健美操为基础,是在普及的基础上求发展,从比赛中求提高。

(2)难度较大,体能要求较高。竞技性的健美操运动对运动员的体能要求是比较高的,因为是需要运动员在音乐的伴奏下,连续完成复杂和高强度动作,难度是比较大的,所以对于参与竞技性的健美操运动的运动员的要求也比较高。

(3)高度的艺术性。竞技健美操属于难度较高的竞赛项目,其特征主要是体现在"健、力、美"这三个方面,这就要求竞技健美操运动员必须规范、优美、自信和充满活力地完成动作。运动员在比赛中所表现出的健美的体魄、高超的技术、流畅的编排和充沛的体力等,充分体现出热情、活力、魅力以及非凡的气质,给人留下深刻的印象。

(4)节奏韵律感强。竞技性的健美操的节奏是非常强烈的,其音乐特点也是比较强劲的,这样不仅可以烘托气氛,而且还可以激发人们参与竞技的热情。竞技性的健美操音乐具有自己特有的形式,其主要作用是烘托成套动作的效果与气氛。运动员可以将音乐的风格用肢体语言和面部表情表演出来,同时音乐主旋律的选择、节奏速度、高低音和后期动效的制作可使运动员的表演得到升华,与观众产生共鸣。

## 第三节　健美操运动的健身与心理价值

### 一、健美操运动的健身锻炼价值

（一）改善运动者的身体形态

现代健美操对"美"有很高的要求，而不仅仅是对"健"很重视，现代健美操要求运动者反复练习身体的各个部位，使之保持正确的姿势，这有利于促进运动者身体的健康协调发展，有利于塑造优美的体型，也有利于运动者的自我完善。

现代健美操塑造优美形体的过程中对人体有较强的可塑性，人体的可塑性主要包括对身体形态与形体改变具有决定作用的因素。例如，脂肪的沉积程度、关节的灵活度、肌肉的强弱与发达程度以及胸廓和脊柱的形状等。总之，现代健美操对人体的形态改善具有非常重要的促进作用，是现代健身健美运动的首选运动项目。

1. 降低体脂率，使身体更加纤细

健美操运动是一项有氧健身运动，长期坚持锻炼能有效改变运动者的身体成分，最重要的是使运动者的体脂率发生变化。健美操运动对运动者的身体成分的改变并不是指宏观概念中的人体成分，而是运动系统组织的比例成分。

人体的运动系统由骨骼、肌肉和关节组成，其中骨骼和关节的比重最为稳定，肌肉的比重变化也不十分明显，由此，附着在肌肉上的脂肪就成为影响人体形态的重要因素。因此，现代人都非常注重减脂。体脂率是评判人体脂肪含量的一个重要标准，具体是指人体内脂肪重量在人体总体重的比例，又称为"体脂百分数"。正常成年人的体脂率分别是男 15%～18%，女 25%～28%。经常参加健美操运动健身的人所接受的健美操活动均为有氧运动。有氧运动可以明显增加脂蛋白酶（LPL）的活性，如此可以充分动员脂肪供能，促进运动中和运动后体内的脂肪分解，增加脂肪的利用率，促进肌肉体积增大、力量增加，达到强身健体、保持优美线条的目的。

男性通过经常性的健美操健身运动，上臂皮脂、背部皮脂、腹部皮脂的厚度可明显减少，肌肉力量也获得提升，健身和健美效果可谓十分明显。正常人骨骼肌重量约占体重的40%，经常参加健美操运动的人的骨骼肌重量可达到45%~50%。

人体内适当的脂肪含量是人体所必需的，它为人体提供能量的储藏以及起到一定的保温作用，但如果体内脂肪含量严重超标则会给身体带来负担，甚至成为多种疾病的诱发因素。健美操运动健身锻炼能有效降低体脂率，可使运动者的身体更加纤细。

2. 促进骨骼增长，使身体更加挺拔

骨骼是人体的"支架"，它是体内最坚实的组织，尽管如此，骨骼本身也是有一定弹性的，这种弹性会随着人的年龄的增加而减小。骨的表面有一层很薄的结缔组织是骨膜，骨膜下面是一层结构很坚实的骨密质，骨密质越厚，力量就越强。骨骼的内部拥有复杂的结构，它里面富含造血细胞、血管与神经。在骨的内层和长骨两端是结构疏松的骨松质，骨松质的形态像海绵状，它由骨小梁纵横交错，按受力方向排列，以保持骨的坚固而又不过重。另外，骨骼还具有自我修复的能力，这就是为什么人在骨折后经过对接还可以痊愈的原因，而且骨折的相同部位甚至比骨折前更加坚硬、结实。经常参加健美操运动，可以使人体的骨骼发生以下良性变化：

（1）人体通过不断练习健美操运动中的跳跃、变向等动作，不仅促进了血液循环，增强了新陈代谢，而且有效地促进了骨的结构与功能的变化，使骨密质增厚，骨小梁的排列受肌肉的强力牵拉和外力的刺激作用，增强了骨的坚固性，韧带在骨骼上的附着部位：结节、粗隆和其他突起部位，变得更粗糙，这有利于肌肉和韧带更牢固地附着在骨骼上。这些变化都有利于骨骼承受更大的外力作用，提高了骨的抗扭、抗变、抗断和抗压能力。

（2）在健美操练习中，健美操动作对人体肌肉的牵拉作用也与骨骼的变化有关。肌肉力量的增加与骨量的增加有着显著相关性，且骨量增加部位与肌肉训练部位有关。当肌肉力量增大，肌肉收缩对骨骼产生的应力刺激可有效提高成骨细胞的活性，这种活性有利于保持骨骼的良好状态一直延续到进入中老年后，其表现为有效延缓骨质疏松症和减小骨折发生的概率。

（3）经常参加健美操运动，不仅可以使骨骼逐渐变粗，还可以促进骨密度增加和骨质的提高，甚至还对骨骼长度（腿部骨骼）的增加有一定的辅助作用。如通过统计分析得出，经常参加健美操运动的青少年，比不爱运动的同龄人身高平均高几厘米,这是因为骨骼两端有软质的骨骼,这层骺软骨在新陈代谢的作用下,不断地骨化而变为硬骨,同时又不断增生新的软骨,促进了骨的加长。这种骨骼的生长规律如果利用得当,对正处在青春发育期的青少年来说是非常有利的。

总的来说,健美操运动科学地锻炼,可使运动者的骨骼发育更健康、更结实、增长更快,有助于促进运动者身高发展,使其身体更加挺拔、修长。

3. 塑造良好体态,使身形更加完美

体形和体态是形体的两个主要组成部分,健美操运动对塑造体形方面也具有非常明显的作用与功能。通过参加健美操运动,尤其是练习力量型动作,能够使骨骼变得粗壮,增加肌肉围度,从而对天生的体形缺陷具有一定的弥补作用,使人的身体匀称而健美。参加健美操运动还有利于加快体内新陈代谢的速度,从而消耗多余的脂肪,塑造完美的体形。这一价值适用于健美操运动健身的任何一个人群。

(1)儿童与青少年经常性地参与健美操运动,能够保持正确的身体姿态,使其生长发育的进程加快,同时也可以矫正畸形的身体形态。

(2)青年人经常性地参与健美操运动有利于保持矫健的体态,保持健康体质水平,并散发青春活力。

(3)中年人经常性地参与健美操运动有利于身体衰老的延缓,使其体态保持健康、良好的状态。

(4)老年人经常性地参与健美操运动有利于使骨骼变得结实,增加肌肉弹性,促进良好形体的保持。

(二)提高运动者的身体机能

现代健康新标准指出,健康应包括三个方面的内容:身体健康、心理健康以及社会适应能力强,而不是单指传统意义上的生理健康。现代社会流行一种积极的健康意识与观念,那就是"健康美",机体最有效地促进其机能发挥的状态就是健康美。达到"健康美"需要具备的条件:一定要有良好的自我感觉,对日常生活与工作中遇到的事情与问题能够轻松应付;要精力充沛,心理状态良好,具有良好的参与社交的能力;在面对突发事件,要有良好的处理能力等。

通过健美操运动能够使身体得到锻炼,促进身体健康,这是健美操运动强身健体作用的核心。健美操是全身各关节与肌肉共同参与的体育运动,注重身体的全面发展是它一直强调的问题,通过健美操练习,能够有效地保障运动者的头部、躯干、上下肢及身体各关节都处于良好的健康状态。具体来说，健美操促进和改善人体系统的机能的价值主要表现在以下五个方面：

1. 提高运动者的呼吸系统机能

肺部与鼻、喉、气管、支气管等呼吸道共同组成人体的呼吸系统。呼吸运动时气体的通道就是所谓的呼吸道，交换气体的场所就是所谓的肺部。健美操运动是一项有氧健身运动，能有效提高运动者的呼吸系统机能。

一般来说，女子的肺活量是2500毫升左右，男子的肺活量是3500毫升左右，男子与女子在正常情况下肺活量相差1000毫升左右；男子若经常参加体育锻炼，其肺活量可达到4000～7000毫升，女子若经常参加体育锻炼，其肺活量则可达到3500毫升左右，男子与女子在锻炼情况下肺活量相差500～3500毫升。由此可见，体育锻炼能够充分提高呼吸系统的通气与换气功能。安静状态下，正常人每分钟的呼吸频率为12～18次，肺通气量4～7升，健美操运动锻炼实践已经充分证实，参加健美操运动锻炼之后的人，若要达到同样的肺通气量，每分钟呼吸频率只需保持在8～12次即可。

健美操运动的练习有利于健全与完善人体的呼吸系统，使呼吸系统的构造和功能向良好方向转变。健美操运动能够使人体的肺组织弹性保持良好的状态，促使胸廓活动范围有所改进，从而加深呼吸时的深度，并随之加大人体的肺活量。在进行定量的健美操运动过程中，运动者的呼吸功能也可以表现出节省化的现象，能够有效地保持工作能力的持续状态，延缓工作能力下降的时间。呼吸系统储备功能的能力也很大，能够适应各种对呼吸系统要求较高的体育锻炼活动。完成一套有氧健美操，平均心率可达150次/分。健美操运动能刺激内脏器官运动，使氧气摄入量增大，提高呼吸效率，从而增强呼吸系统的功能。

2. 提高运动者的心血管系统机能

正常人的每搏输出量为70～90毫升，时常参加运动的人每搏输出量为100～120毫升。在安静状态下没有经常参加体育运动的人的心率为每分钟70～80次，心脏容积为785毫升；而规律性参加体育运动的人的心率每分钟减少到50～60次，心脏容积随之增加到1027毫升。经常进行大强度运动的人的心率也会明显增加，最高每分钟会达到220次，而经常不运动的人每分钟心率只有180次。健美操运动可有效提高心血管系统机能，具体表现在以下五个方面：

（1）长时间持续进行健美操运动的锻炼，能够增粗心肌纤维，增强收缩力，同时能够增加每搏输出量，促使心脏储备力量的提高。在进行健美操运动的练习中，由于肌肉的活动量在持续增加，心脏的工作量也会有所增加，从而增加了心脏毛细血管的开放量，最终加快心肌的血液供应和新陈代谢速度。

（2）长时间进行健美操运动的锻炼，有利于心肌中蛋白质和糖原储备量的增加，会使心肌纤维逐渐变粗，变得强壮有力，改善心肌本身的循环。健美操运动的练习不但能够有利于增强心脏的收缩力量，还能够促进心脏容量的增加，从而也促进心脏每分钟输出量和每搏输出量的增加。

（3）长时间持续进行健美操运动的锻炼，还能对血管壁的结构造成影响，器官中血管的分布会因为运动而发生改变。健美操运动对心血管疾病的发生具有良好的预防作用，能够有效地保护人体心脏健康。

（4）长时间持续进行健美操运动的锻炼，可对心脏起到良好的保护作用，在安静状态下，心脏脉搏的频率较低，活动状态下也不会有明显的升高，只有在剧烈活动状态下才会有较为明显的升高，然而活动一旦停止之后，心脏脉搏的频率又会恢复到安静状态时的水平。经常进行健美操运动，有利于增加动脉管壁的中膜的厚度，增加弹性纤维的数量，同时也有利于加强血管的运血功能。

（5）长时间持续进行健美操运动的锻炼，可有效提高肺泡通气量，增加血液氧含量，提高心肺功能。作为普通参与健美操健身的人来说，健美操运动的强度要远远小于专业健美操运动者，其有氧代谢供量比例会更大，一般达到90%以上。经常参加健美操运动可以有效提高肺泡通气量，改善心血管系统机能，增强机体的血氧利用率。

3. 提高运动者的神经系统功能

在健美操运动锻炼过程中，运动者的中枢神经系统对健美操运动具有支配与调节的作用。

健美操音乐是健美操运动非常重要的一个组成部分，运动者在动感十足的音乐伴奏下，不断变换健美操动作的类型、力度、速度、方向以及路线，动感的音乐有利于集中运动者的注意力，使运动者伴随音乐的变化做出积极快速的反应动作，从而促进运动者神经系统灵活性和均衡性的有效提高。

4. 改善运动者的消化系统功能

消化腺和消化道是组成人体消化系统的两个部分，健美操运动对于运动者消化系统功能的改善主要表现在促进消化吸收、减少消化道疾病两个方面。

首先，人体的肠胃等消化器官都会受到一些健美操动作的影响，例如，顶髋、提髋、绕髋等髋部动作以及屈、转、绕环等腰腹部动作都能够积极影响人体的消化器官，帮助运动者改进其消化功能，并且促进人体快速吸收营养物质。

其次，健美操运动的适度练习有利于运动者食欲的增加，促进运动者的心态时刻保持良好状态，并且能够预防疾病的发生，特别是对消化道疾病以及便秘等具有良好的预防作用。

5. 提高运动者的运动系统功能

促使人体运动是运动系统的主要功能，运动系统使人体在空间上发生移动，以及变换人体各部分的相互关系。骨、肌肉和关节三部分共同组成人体的运动系统。健美操对运动者运动系统功能的提高也主要表现在以下三个方面：

（1）促进骨骼健康发育。经常练习健美操能够使骨骼的新陈代谢速度加快，使血液循环得到良好的改善，从而使骨头密度提高，加强骨细胞的生长能力，使骨变得更粗壮、更坚固，粗壮坚固的骨头有利于提高抗弯曲、抗骨折、抗压缩以及抗扭转的能力。在儿童时期适当地开展健美操运动，有利于儿童骺软骨的健康生长，使儿童长得更高、更快、更健康。

（2）增加肌肉力量、提高肌肉工作效率。经常从事健美操运动的练习一方面有利于关节周围肌肉力量的不断增强，另一方面有利于肌肉和韧带灵活性的提高，从而使人体的关节活动范围逐步变大，关节的稳定性与灵活性也就会随之增强。健美操运动中的有氧运动有利于快速将人体肌肉部位的脂肪减掉，使肌肉的形状得到完美塑造。不管是数量上还是形态上，肌肉内的毛细血管都会因为健美操运动而发生改变，改变后的毛细血管有利于肌肉血液供给情况的改善，从而使肌肉的工作能力有所提高。

（3）巩固关节及其周围组织、增加关节灵活性。健美操运动的练习有利于增厚人体关节面骨密质，还有利于增粗关节周围的韧带和肌腱，从而使关节的稳固性变得更强，这样就可以有效预防关节有关的一些容易发生的运动损伤。

（三）发展运动者的身体素质

健美操运动是一项对全身各项身体素质发展均具有促进作用的体育健身运动项目，在健身运动项目中，健美操受到普遍的欢迎，最主要的原因是人们可以通过健美操运动锻炼身体、愉悦身心、陶冶情操、锻炼意志，得到多种多样的益处，健美操也因此可以不断发展，不断进步，不断受到越来越多人的欢迎。具体来说，现代健美操运动对运动者身体素质发展的价值主要表现在以下四个方面：

1. 强化运动者的动作力量

徒手动作是现代健美操运动的基础动作，徒手动作主要是力量性的，力量性的徒手动作综合表现了运动者运动时的力量、弹动力、力度以及活力等，具体如下：

（1）现代健美操要求运动者在完成动作时要注意动作的力度与力量，并要求将较高的力度感展现在瞬间的控制力量或是短促的肌肉与延续力量中。

（2）现代健美操的动作也表现出一定的活力，主要是从不断变化的身体动作、弹性力较强的脚下动作以及持续进行的跑跳动作中展现出来的。

（3）现代健美操的动作所展现出的力量型风格可以从人体的健的风采、美的神韵和力的坚韧中综合反映出来。动作奔放不羁，情感上的力度也伴随其中。

（4）现代健美操动作的力量型也能够充分发挥运动者的个性，运动者强烈的吸引力、感染力以及自我表现力在现代健美操动作中表现得淋漓尽致。现代健美操在众多体育运动项目中，始终保持着力量型风格。

综上所述，健美操对运动者的肢体动作力量具有一定的要求，长期从事健美操运动能有效促进不同部位的力量素质发展。

2. 增强运动者的肌肉耐力

肌肉耐力是人体在进行各种运动中可以长时间保持肌肉力量的能力。在日常生活和体育健身中，良好的肌肉耐力是正常开展这些运动的基础，对于专业运动者来说肌肉耐力的意义就更加重要了。这里的肌肉是指人体在运动中为动作提供直接动力来源的骨骼肌。骨骼肌附着在人体的骨骼之上，它通过收缩，再加上关节的衔接作用使骨骼活动，从而产生人体的各种动作。

个体肌耐力的发展受多种因素影响，为了进一步了解肌耐力，首先要对肌纤维做进一步解释。通过研究和分析发现，肌纤维可分为快肌和慢肌两类，其中对肌肉耐力影响较大的是慢肌，又被称为"红肌"，红肌中含有较多的肌红蛋白。红肌发达的人，有氧耐力运动较好。健美操运动的运动方式刚好非常有助于氧化酶活性的提升，从而引起红肌纤维增粗。红肌还对人体神经系统调控能力的提高等起到积极作用，经常参加健美操运动，还可以使肌肉中三磷酸腺苷（简称ATP）的含量增加，提高机体的供能量，促进肌肉中CK酶的活性提高，耐乳酸的能力增强，从而提高了有氧氧化能力，提高肌肉的耐力，延长肌肉工作的时间。经常参加健美操运动可以使人的骨骼肌形态、结构和功能水平保持在同类人群中的较高水平。健美操运动还可以使骨骼肌发生一系列的适应性变化，这种变化具体表现在增加肌肉体积、增强结缔组织韧度、影响肌纤维类型和肌群收缩协调性等方面，详细分析如下：

（1）健美操运动可使肌肉体积增大，提高耐力。肌纤维又被称为"肌细胞"，它是构成肌肉的主要单位。健美操运动作为全身性运动，它对肌纤维的增粗起到积极的促进作用，肌纤维的增粗最终使得整块肌肉体积增大，进而使得该部位的肌肉群也随之增大。健美操运动也对人的耐力有较高的要求，在健美操运动健身中也经常会包含一些耐力性的训练，这种训练可使快肌纤维向慢肌纤维转化，其结果也是会使肌肉体积增加。

（2）健美操运动可增强肌肉结缔组织强韧水平。肌肉反复的收缩和牵拉可以促进肌腱和韧带中的细胞增生，同时这一运动过程在进行中还会使肌外膜和肌内膜增厚，抗牵拉强度提高，肌肉组织韧度增强，从而提高肌肉抗断能力。健美操运动中的大多数动作都会不断出现和反复，同时有许多动作非常依赖人体爆发力，这些运动特点使得健美操运动对增强肌肉结缔组织的强韧水平有较多的帮助。

（3）健美操运动可改变肌纤维类型和特点。参与健美操运动的人可以在运动中使自身的全部五大身体素质得到锻炼。健美操运动中表现出的力量对抗动作，可使肌纤维得到最大限度地发展，这种力量对抗对快肌纤维的增粗作用明显，健美操运动中体现出的耐力，可使肌纤维中线粒体数量增加，体积增大。通过健美操运动还能使肌肉中线粒体数量增多，体积增大，肌纤维中的毛细血管在健美操运动中开放的数量为安静时的20~30倍，这样可以增强肌肉中的血液循环，有利于肌肉进行长时间的紧张工作。

（4）健美操运动可提高肌群收缩协调性。参与健美操运动的过程中经常会遇到如急转急停、快速起动等技术动作，这些技术通过腰腹肌等力量改变身体位置、方向和速度，然而要想将这些动作做得准确无误，就需要身体各方面完美的协调，这种协调主要是对肌肉收缩协调性的要求，它使原动肌、对抗肌和固定肌共同收缩，相互配合，以确保工作的完成，从而改善和提高了这些肌群的协调性，使肌肉收缩的效率得到充分发挥。

（5）健美操运动可增加肌红蛋白含量、延缓疲劳。长期参加健美操运动的人会在体内储备足够量的肌糖原，健美操运动还会使肌红蛋白含量增多，这对于肌肉储氧能力的提升大有帮助。储氧能力的提升以及足够量肌糖原的储备都会在运动中起到最大限度减少乳酸生成，有利于提高运动者的抗疲劳能力。

3. 改善运动者的身体柔韧性

作为有氧运动的一种，健美操运动有利于运动者身体柔韧性和灵敏性的发展。健美操运动是一种对人的身体进行全方位运动健身的健美项目。其中的跑、跳、转体等动作均要全身的每个部位协调参与才能完成，对全身各关节柔韧性的要求也不相同。所以经常参加健美操运动可以有效改善身体的柔韧性。

健美操运动比较重视练习力度与幅度，和球类、田径等运动相比，健美操运动对运动者的身体柔韧性要求较高，健美操运动常包含一些屈、展、踢腿、劈腿等动作，为了更好地在健美操运动中表现出优异的柔韧素质，需要运动者在日常除了参加健美操运动外还要进行一些柔韧素质练习，如可采用动力性和静力性拉伸练习方法。这种练习要特别注意遵循循序渐进的原则进行，在练习初期不要过快过猛，以防运动损伤或其他事故的发生。以后在逐步适应练习强度后再逐渐增加难度，如把动力性和静力性练习结合起来，把主动练习和被动练习结合起来，可收到更好的效果，进一步提高机体柔韧性，以适应健美操运动动作要求。

4. 均衡运动者的全面系统健康

经常参加健美操运动，有利于肌肉力量的不断增强以及肌腱、韧带以及肌肉弹性的不断提高，从而促进运动者身体力量素质和柔韧素质的健康发展。能够全面健身与均衡健身是健美操运动最为突出的实际作用与锻炼作用，这一点在健美操创编过程中也得到了充分的体现。具体来说，编排健美操动作的过程中，设计者严格遵循了人体运动的生理规律，从上到下、从左到右，运动负荷从小到大、从弱到强，动作从简单到繁杂都是有规律可循的，不同年龄、不同身体素质水平、不同锻炼目的的练习都能找到适合自己的健美操运动方式。无论哪种方式，只要科学合理，就有利于其身体各个器官与系统的发展与健康。

5. 提高运动者的免疫力与恢复能力

健美操运动不但是塑形美体的有效运动方式，而且还是医疗保健的有效方法，表现出医疗保健的作用。现代健美操运动对运动者身体机能和身体素质的提高与发展均具有重要的作用，长期坚持健美操锻炼，能有效提高身体免疫力，避免疾病的入侵。需要注意的是，系统的健美操锻炼应注意要把运动范围与运动量控制好，只有这样，才能充分发挥其对伤病的预防作用，起到良好的医疗保健作用。

对于一些病人、残疾人以及老年人来说，健美操运动也是一种医疗保健的科学方法。例如，有些病人下肢处于瘫痪状态，对于他们来说，可以通过在椅子或地上进行做操练习，这样一方面对下肢机能的恶化与衰退起到控制作用，一方面也能够有效地锻炼其上肢与躯干。健美操能有效促进人体伤病的康复，因此，健美操运动可作为体育康复训练的一个重要组成部分。

总之，现代健美操需要持续较长的时间，竞技健美操具有较大的练习强度，这就要求运动者要具备一定的意志力来克服疲劳，同时也要求其耐力素质要好。健美操运动也有利于运动者表现能力和动作熟记能力的提高，有利于运动者神经系统的灵活性与均衡性的提高，从而极大地发展运动者的协调素质。所以，健美操运动能全面发展运动者的各项身体素质。

## 二、健美操运动的心理健康价值

（一）丰富运动者的情感

情绪状态是衡量人的心理状况如何的标准之一。情绪与心理是相互关联、相互影响的，即良好的情绪会带动心理产生愉悦感，此时人的行为往往较为亢奋和积极向上，而不良的情绪则会将心理引向消极的一面。当然，当人的心理较为健康时，也会带动情绪的稳定，反之带来不稳定的情绪。情绪与个体的心理健康相互影响。

运动能给人带来快乐，健美操运动是一种可以全方位锻炼人体的健身健美运动，健美操运动拥有广泛的人群基础。年龄较大的人参与健美操运动可以适当降低强度和减少时间，其目的在于通过健美操运动活动身体，多多排汗，而年轻人士更乐于体验其中的青春活力，这是增强身体素质和提升自我竞争意识的良好渠道。在广场上，人们进行健美操运动锻炼，享受运动带来的青春活力和大汗淋漓，都会感到兴奋和愉快。此类兴奋感和愉快感的存在就是得益于身体的剧烈运动，特别是随着健美操音乐而形成的优美的健身动作，能使运动者或参与者忘记疲劳，忘记伤痛，忘记一切烦心事，完全陶醉在兴奋和快乐之中。适当参与体育运动对缓解人的压力，促进良好情绪的生成有着巨大的作用。健美操运动作为颇受人们喜爱的健身健美运动，运动者可以通过参与其中转移个体不愉快的意识、情绪和行为，获得一个良好的缓解不良情绪的渠道，它不仅可以使人摆脱烦恼和痛苦，而且能够给人带来快乐和成功感。

健美操运动具有良好的观赏性，肢体动作优美、充满活力，一些运动会、集体活动经常会邀请一些健美操运动者来进行现场气氛的调动，对于参与者来说，在参与健美操运动的过程中，尤其是集体性健美操运动，每一个人都要通过自身的努力，来完成健美操动作和集体动作造型的配合，出色的健美操运动表演和集体协作健身练习，能让健美操运动者在付出了大量体力和汗水后获得一种浓烈的成功感和成就感。这种运动能够使运动者充分体验到成功和喜悦，还有自信和成就感，这种成功体验会让人如痴如醉，长期如此可发展成为一种对成功感的追求。健美操运动被人欣赏，得到认可的成功和成就感使人们在心理上获得了良好的体验，它不仅可以丰富人们的生活内容，提高生活质量，而且能够影响青年人在生活或学习等多个领域积极向上、争取成功的心绪，促进运动者积极进取。

现代健美操运动以集体练习为主，在参与健美操运动过程中，对于运动者与其他健美操运动爱好者之间的交流具有重要的促进作用。这对健美操运动者体验人际交流的愉悦感、增加情感体验具有重要作用。在现代社会中几乎已经很少有只通过一个人的努力就能实现较大目标的情况了，而是已经转为了团队合作模式开展工作。人际交流不止在日常的工作中体现，在学习、生活等各个方面，只要有人的地方就涉及到个人与他人的交流问题。人际交流是指在社会活动中，人与人之间进行信息交流和情感沟通的联系过程。与他人良好的交流可以最大限度地获取有效信息，使自己在处理事务的过程中感到事半功倍，反之则会感觉到处处碰壁。参加健美操运动是一种有助于体验人际交流愉悦感的活动，特别是对价值观、人生观和交友观尚未完全形成的青少年的人际交往能力具有更大的帮助。

健美操运动中，参与者之间不仅仅是简单的接触与交往，还能够增强人与人之间接触和交往的机会。例如，队友们在对健美操集体造型动作的完成，需要同伴之间良好的沟通与配合，参与者之间必须进行交流。这种交流是健美操运动中所特有的交流形式，它会逐步转化成队友之间的人际交流和社会交流。通过队友之间的自然交流，有利于相互之间的进一步沟通，联络感情，协调人际关系，增加群体的认同感，愉悦身心。

（二）减轻运动者的焦虑

现代人面临各种压力，经常处于焦虑的状态，严重影响身心健康。所谓焦虑，具体是指对当前或未来的威胁所产生的恐惧和不安而形成的消极情绪状态。对于任何人来讲，如果焦虑状态持续太久，不仅会给人带来一种强烈的不安感，还会影响人的心理状态,还会对人的身体状况构成威胁,会给人带来很大的痛苦。运动有助于消除个人的焦虑情绪,现代健美操运动能使运动者减轻焦虑,健美操欢快的音乐还有助于营造一种轻松、愉快的气氛,对于运动者健康心态的形成具有重要的促进作用。

1. 愉悦运动者的身心

健康包括生理健康和心理健康,良好的心情和心态是衡量个体是否健康的重要因素,随着社会经济的发展与时代的进步,生理上的健康已经不能满足人们对健康的要求与需要,人们也同样追求心理与行为的健康。

现代人越来越重视生活质量的提高,健康的思想与观念就是对健康的一种追求和健康心理的表现。人们的生活水平因为社会向前发展和时代的不断进步而不断得到提高与改善,然而生活水平提高的同时,人的精神也因为社会进步引起的强烈竞争而倍感压力,在精神压力持续加大下,人们的心理疾病也就随之产生了,这一现象已经得到社会的普遍关注。强大精神压力与严重的心理疾病还会导致身体疾病的发生,例如,癌症、高血压、心肌梗死等疾病的发生。要想解决这些不良心理,就必须要保持愉悦的心情,从根源上避免心理疾病的产生。

健美操运动具有协调优美的动作,人们在健美操运动的练习中,动作轻松优美,有利于心理紧张与烦恼情绪的缓解与排除,人们在练习中对健美操运动所带来的欢乐尽情享受,陶醉其中,内心逐渐得到安宁,精神压力逐步得到缓解,从而保持愉悦的心情与积极向上的活力。健美操运动不仅具有强身健体的作用,同时也具有愉悦身心的作用,能够使人在运动中满足自身对美的追求。

健美操运动具有奔放愉悦的音乐,运动者在健美操运动练习过程中,在美妙的音乐节奏下进行身体练习,能够促进身体的全面锻炼。这样的健美操运动对人的精神压力具有缓解作用,能够对各种心理疾病的产生起到良好的预防作用。

2. 疏导运动者的不良情绪

就人体来讲,积极的人更容易接受积极的信息,而消极的人则更容易关注消极的信息。这一现象被称为是一种"吸引力法则",作为一种人的心理现象,这种现象揭示的人的心理状态为如果过于思考或关注某项事物,那么与之相关的信息会大量的出现,由此会使人对此事物的进一步发展构成更深入的影响。用简单的例子来说明这个道理即是如果一个人非常关注令他心情愉悦的事情,那么他会收到更多与之相关的积极信息,从而让他更加开心;相反,如果他受到的都是挫折信息，那么越对这些信息思索就越会收到消极的信息，最终形成不良情绪。这种积极的良性循环和消极的恶性循环是一直存在的，并持续影响一个人的心理健康状态。

现代社会竞争激烈，并且这种竞争正在不断地加剧，每一个人都面临着不同年龄、行业、阶层的压力，很容易产生持续的焦虑心态，在吸引力法则的影响下，对于消极的人来讲，无疑会使他们陷入一种不良的循环之中，对于这一部分人群，为了缓解这种不良情绪对心理的影响，体育锻炼就经常被人们利用。因为身体运动会在运动中枢形成强烈的"优势兴奋灶"，它的兴奋水平要明显高于其他任何兴奋中心。所以这个"优势兴奋灶"会对其他中枢产生抑制，降低了其他兴奋灶的兴奋水平（这是一种保护性抑制），这就是体育运动可以消除心理疲劳和不良情绪状态的生理机制。

现代健美操运动的特点决定了它能有效调动和改善人的情绪，将人的消极心理改变，并将人所关注的"吸引力"变消极为积极。而健美操运动作为易于开展的运动，人们可以非常便捷地参与其中，参与健美操运动不仅有助于宣泄运动者消极的心理能量，而且通过健美操运动所特有的交流形式，经过自然的沟通，可以增进理解，疏导不良的情绪状态，缓解焦虑和抑郁症状，持续的健美操运动还有助于运动者进入一种良好心理的积极循环。

3. 调节运动者的人际关系

人际关系是运动者作为社会成员的一员，必不可少的与社会其他个体之间的关系，人际交往在现代社会对每个人都是不可或缺的，它是一种以个人为对象，彼此联络感情，协调关系，寻求心理需要满足的活动方式和活动过程。从人类的进化史来看自始至终都是群居动物，这点直到现代社会也是如此。从这一人类生存的原始属性就能得知，在现代社会中任何一个正常的人都不可能脱离其他人而单独存在，人际交往是将个人与个人、个人与群体联结成社会网络必不可少的纽带。正常的人际交往可以获得他人的支持和帮助，可以减轻失望的痛苦和悲伤，不断提高个人的人际关系是培养健康心理的有效途径。

健美操属于集体运动项目，众多爱好与喜欢健美操的人聚集在一起进行练习，有利于人们社会交往能力的提高。当前，无论国内还是国外，人们通常选择去健身房进行健美操运动的练习，健身房健美操运动的开展普遍是集体进行，人们在健美操教练的引领下共同练习。到俱乐部进行健美操练习的人各具特色，他们来自不同的阶层、环境甚至种族,这种形式下进行健美操练习有利于人们社会交际范围的扩大,人们从单一的生活与工作环境中解脱出来,与不同的人群接触,可以使运动者的视野不断开阔,与人交流与沟通的能力也逐步加强,从而丰富了自己的生活。人们在健美操的集体练习中建立了深厚友谊,甚至成为对方生命中的重要一部分,对于个人良好人际关系的形成具有重要影响,是个体获得群体认知的一种重要和有效途径。

在健美操表演活动和比赛过程中,健美操运动者需要在全队训练与比赛过程中进行各种形式的沟通。这就为人们参加健美操运动,提供了队友之间自然接触、自然交流的机会,即便是健美操运动健身时临时与陌生人组队参赛,他们也能逐渐在场上有所沟通和协调,以至于通过几轮比赛下来原本的陌生人彼此成为朋友,这种积极的情绪状态无疑可以使人自信、自尊、自豪、自强,并使烦恼、焦虑、抑郁、自卑等不良情绪得以缓解甚至是解除。经常参加健美操运动,有利于人的心胸开阔,融洽人际关系,提高幸福指数,培养良好的心境和健康的心态。

### (三)完善运动者的人格

人格健康也是健康的一个重要组成部分,人的完全健康还包括拥有健全人格这个标准。健美操运动娱乐性、趣味性强,富有美感,具有一定的集体参与性,人们参与其中后会有若干积极的心理体验,这些体验有助于人们逐渐建立起健全的人格精神,并形成良好的审美观,同时,提高自己的气质美。

#### 1. 完善运动者的个性心理特征

从健美操运动的集体参与性来看,该运动形式对运动者的个性心理特征的完善具有重要的作用。

个性心理特征是指个体身上表现出的带有稳定性和经常性的心理特点,对于健美操运动来说,可以将其从宏观上看成是一种团队与团队之间的对抗,而从较小的层面上来看,它又是团队中人与人的对抗。在集体性健美操运动中的每一个人的发挥都能决定团队的凝聚力,相反也可以说团队的行为需要依靠每一个人来配合,必要时还要牺牲个人的利益,如得分或上场时间。这些特点表明,艰难中需要勇气,常态下需要创新,只有个人能力强,气质和性格健全,个性鲜明和人格独立的人,才敢于冒险和创新,才有可能在复杂困难的条件下坚持运动和健身锻炼,这种个性心理可以在日常生活中对人的心理产生重要的影响。

健美操运动对于运动者的良好个性的形成和健康心理的塑造具有重要的促

进作用,有助于实现个性心理特征的自由发展。

2. 提高运动者的抗挫能力

健美操运动的自身规律,健美操运动是一种有氧健身健美运动,要想取得良好的健身效果,必须长时间坚持。健美操运动的一些动作对运动者的身体柔韧性要求较高,集体性健美操则需要队友之间不断的练习和配合才能完成。上述这些都需要运动者付出艰辛的努力,不可能一步到位、一蹴而就,练习过程中,运动者需要克服来自体能、心理、与同伴的沟通配合中的一次次失败,这对于运动者的良好抗挫心理的建设具有重要意义。

健美操运动参与者不断获得磨炼自己、屡败屡战、不断进取的体验和心情。通过一次又一次的小挫折到中挫折,再到大挫折,不断提高自己抵抗失败打击的心理承受能力,如此进行下去,必定可以练就出一个可以经受千锤百炼且百折不挠的顽强意志。

通过健美操运动可以锻炼运动者谦虚谨慎、不骄不躁的心态,有助于运动者形成勇猛顽强、坚韧不拔、吃苦耐劳的意志品质,由此可以培养青年人的主动性、果断性、控制力、坚持力和创造力,这都是现代人人格精神的内涵,是激烈的社会竞争中必须具备的基本心理素质。

3. 改善运动者的精神状态

现代健美操这一人体运动方式需要有美学等科学理论做基础指导,完成动作时,要求准确、大方、美观,也要讲究在造型、姿态、音乐、服饰、精神等方面具有协调的美感;健美操运动与美学之间具有密切的关系。早在古希腊时期,人们就充分认识到了体育对人的健康美的影响。在当时,健美的形体被认为是美的重要表现。健美操运动锻炼不仅能促进运动者身体健康,还有助于塑造良好的形体,对于当前我国青少年肥胖群体的形体改善具有重要的促进作用,健美操运动的动作之美、技击之美、形体之美还会影响和提升参与者的审美意识和审美能力。健美操运动的以下特点决定了其在改善运动者的精神状态和提高运动者的气质美方面具有重要的促进作用。

第一,现代健美操运动注重艺术性。健美操注重艺术性,尤其是表演性健美操,其艺术性更加全面,综合反映在健美操的各个方面,例如,表演者的化妆、服装、动作表现、队形变化、配合造型,以及音乐选择、音响效果、灯光效应等,力求完美地进行健美操运动的表演。日常健身健美操不需要像现代健美操那样以健身为目的，不需要遵循严格的规律性，没有很强的严谨性。也不需要像竞技健美操那样，遵循严格的规定与要求，其非常强调对运动者艺术个性的体现。

第二，现代健美操运动动作富有特色。健身健美操的形成与发展离不开对艺术表演及其他体育项目的借鉴与吸收，它将其他体育项目的动作进行加工与完善，并把它们有机结合，创造出独特的表演性健美操。不同体育的动作风格与特色都能够在健美操中体现出来，而且现代健美操也在配合造型、操化动作、过渡连接等方面与其他运动的特点十分相似，但它更能将积极向上、健康活跃的动作特征表现出来。

第三，现代健美操运动欣赏价值高。现代健美操运动集舞蹈、健身、健美、音乐于一体，十分强调欣赏性。从这一点来看，在健美操的创编与设计中，欣赏者的兴趣与特征是首先要考虑的重点因素，其次要强调表演动作具有高度的观赏性。健身性健美操和表演性健美操，二者都不需要具备全面、难度系数较高的组合动作，队形也不要求有复杂的变化性，而是重视健美操动作美的视觉效果，注重动作的独特性与新颖性，有助于提高运动者和观赏者的艺术审美。

一个人的气质与风度在很大程度上受到身体姿态的影响，日常生活中对人们身体姿态的要求恰好与健美操运动中对运动者身体姿态的要求基本一致。经常参加健美操运动，有利于身体中多余脂肪的消除，使人体的吸收与消耗处于平衡状态，有利于促进肌肉、骨骼以及关节的匀称生长与协调发展，从而改善人们的不良身体形态，促进优美身体姿态的形成与保持，人们在日常生活中的良好气质与修养主要就是通过良好的身体姿态表现出来的，体态良好的人始终散发着一种活力澎湃、积极健康的气息。

## 第四节　健美操运动的美学与社会价值

### 一、健美操运动的美学艺术价值

人类自古就对美有着执着而强烈的追求，物换星移，时过境迁，如今的现代社会中，人们对于美的追求从来没有停止。伴随着社会经济的高效发展，人们生活质量、文化素养的不断提高，有追求美的心态，但缺乏追求美的行动与时间。

随之而来的便是各种引发人体亚健康的情况，为了摆脱亚健康的困扰，人们对身体美和心灵美的追求愈来愈强烈，此时，具有生命活力，融体操、舞蹈、文化于一体的健美操成为人们追求身体美、心灵美的最佳方式。

（一）追求青春活力的身体美

在自然界当中，万物都是在不断地变化发展的，人为万物之灵，那么人类的身体美则是自然界万物发展到最高境界的美，即大自然中最高级的美。

人类的身体美是存在于现实生活中的一种美，它是现实生活环境中一种独特的审美对象。身体美多数表现在进行生命活动时，人体的动态变化之美。故必须严格符合人体解剖学的特点和新陈代谢的生理规律。故身体美的标准具有时代性和相对稳定性的特点。在体育美学中，身体美作为其特有的概念而存在。这种美多数都是在体育活动中得到最充分和最丰富的展示，只有通过锻炼才可以得到。身体美可以理解为是人类在感性形式上对自己的身体呈现的一种理想状态，或最高追求。与此同时，也就体现出身体美具有一定的特殊性，即只有在物质文化生活发展到一定水平，社会文明达到一定程度时，才有可能对身体美进行深入的研究。身体美的研究广泛地涉及众多学科，如：生理学、解剖学、生物学、人类学、遗传学、哲学、心理学、美学、民族学、优生学等。因此，对于身体美的研究就更显得尤为重要了，其价值体现在以下方面：

第一，身体美的研究符合人类的健康理想。美的身体是不允许有任何缺陷的，如：发育不良，以及由不卫生、不合体的服装和不规律的生活习惯所导致的各种缺陷。

第二，身体美的研究有助于人们树立正确的身体美的审美观。如：古代社会中的缠足、束胸，现代社会中割双眼皮，穿紧身衣裤等都是人们不同时期对身体不同的审美观念造成的，但这些都有违于身体美的健康发展，说明人们对于身体美缺乏正确的审美观念。

第三，身体美的研究有利于人口素质的提高。从元谋人至今，人类的各个方面都在不断进步，人类的身体无疑也应该一代更比一代完美，使身体美的研究可以为子孙后代造福。这也是遗传学、医疗学、优生学、形态学等学科理论不断更新的依据。

第四，对身体的美进行审美评价可以有效带动人们参与体育运动的热情度。如今社会人们崇尚身体的瘦健为美，男性锻炼结实的肌肉，女性则千方百计保持苗条的身姿，这似乎已经成为一种"社会义务"，为在社会生活中，如谋职、工作中取得一定的形象加分，可以给人一种有能力、可靠的感觉。由于受这些社会因素的影响，人们将会更加愿意投入到体育运动中，塑造符合当今社会审美标准的身体形象。

身体美具有重要的价值，美的运动才会塑造出美的身体，通过人们对身体美的需求的不断提高，大量艺术性较强的和充分显示身体美的项目越来越受到大众的喜爱，如：在健美操的基础上衍生的各种操类运动包括搏击操、瑜伽操、啦啦操、街舞操、拉丁操等。健美操就如同它的名字一样力图追求美和展示美。由此可见，健美操所体现的身体美是生命活力的有效展示，正是源于生命活力的灌注而释放的美。

（二）追求动态力量的运动美

运动是一切生命的源泉，运动是人类与体育有关的身体运动，是人类有组织有目的、有规则的身体活动，即为培养全面发展的人的带有体育性质的身体运动。运动美是身体在运动的过程中所呈现出来的美，是人在参与体育活动中表现出来的动态变幻之美，也是人类审美领域中由体育运动带来的一种特殊的审美对象。体操是通过徒手、持轻器械或在器械上完成不同类型与难度的单个动作、组合动作或成套动作，充分挖掘人的潜能，表现人的控制能力，并具有一定艺术要求的体育项目。体操的概念主要有以下方面：

第一，竞技层面上的体操，即竞技体操。竞技体操不仅仅是一项体育运动项目，更是竞技文化的一种表现形式。竞技体操有别于普通体操在于：其动作更为复杂，技术含量高，且动作套路的创编、搭配变化多端，每一个动作的完成都需要高超的技术水平。竞技体操的动作惊险，技术精湛，对运动员力量的要求是非常高的，这就可以带给观众极强的感官刺激，让观众赏心悦目的同时，给人一种勇于追求的欲望。

第二，基础层面上的体操，又称基本体操。这类体操通常出现在学校体育当中，在学校的教育中具有重要的价值。通过体操教学中力量的把握、身体倒置、变化形式繁多、艺术表现力强的特点以及现实生活中自我保护能力的培养等方面是其他学校体育教学内容所无法替代的。

第三，拓展层面上的体操，即以体操为原型而衍生的其他运动项目。如：艺术体操、蹦床、健美操及舞蹈等运动项目。

体操从它产生之时,就无时无刻不在向人们体现、展示着人体运动美中的力量美。在体操中,力量是最基础的,也是始终贯穿于体操运动整个过程中的。无论是展示个性、气质、精神面貌的内力,还是在完成每一个高难度动作时体现出的外力,无疑都体现出了人体的技术、力量和智慧的结晶,给人一种征服自然、创造自然的视觉冲击。每当体操运动员完成一套高难度、超乎人们想象的动作组合之后,人们都会被这种超乎寻常的力量所震撼,进而对其产生某种敬仰,从而感受到通过体操所带来的动态力量的运动美。

人体的健康、强壮、健美能够激起人们对青春和生命的强烈追求。当人们观看体操竞技比赛时,每一个体操运动员都拥有宽阔的肩臂、挺拔的胸肌、平展的腹部等集聚一身的完美身材。其身材本身就给人一种力量的美感。再看运动员在完成动作组合的过程中,不光有动作变幻的动态力量美,还有每一个动作保持过程中的静态力量美,在这动静结合中完美的诠释了运动美,带给人们以无尽的生命力的体验。

健美操作为体操项目中的一个分支,正是很好地继承了体操项目中动态力量的运动美,在体操的基础上更显活泼、动感、青春。在这种不断变幻的动态力量的驱使下,人体的生机和活力被展示得淋漓尽致。

(三)追求情感语言的人文美

人类是所有生物中最能够自我欣赏的物种,所创造的文化具有高于任何物种的独特审美价值。追求健康,是体育主要表现的一种具有自身特点的人文精神;这种人文精神所形成的观念,其主要宗旨是追求人类身体和心灵的和谐之美,这是对人类最终极关怀的完美体现。人文美已经上升到文化、精神的层面,是体育之美的最高表现形式。可以理解为通过身体运动这一过程中体现出的美,在被转化成情感上的领悟或认知之后,进一步升华成为人文价值层面的审美创造,即体育人文美的产生。具体可以分为:物种之美(类)、群体之美(种)、个人之美(属)三个层面。人文美又不同于身体美和运动美,身体美和运动美是显性的,而人文美相对来说是隐性的。人文则是体育文化当中的一部分,多属于精神层面。因此,要研究健美操人文美的渊源,就必须要从体育文化中的人文着手。

"体育文化"的渊源,必然是从"文化"开始的。从古至今,对于"文化"一词有广义与狭义的解释。取其中义的解释为"把它视为人类创造的产物,社会实践活动的结晶,构成社会诸种现象和事物的复合体。包括人们日常生活中的物质生活、精神生活及社会生活中的饮食文化、旅游文化、衣着文化、体育文化等内容。因此，将体育看成一种文化现象之后，便形成了体育文化，这是一种将所有与体育相关的东西全部综合起来的相关概念。与此同时，由于人类是大自然的创造物种之一，人类必须要努力地在自然中生存，同时还要不断地认识世界、改造世界。就是这样的一个过程中逐渐形成了三大科学体系，即自然科学、社会科学以及人文科学。体育作为一种人类所固有的身体语言，始终贯穿于人类自身的物质属性和精神属性之中，因此自然科学是体育文化之根，人文科学是体育文化之母，社会科学是体育文化之翼。

通过对体育文化和人文的渊源的追溯之后，更加深刻地理解了通常所说的"体育的人文精神"。健美操作为大众喜爱的一项体育运动，固然是具有体育的人文精神的。由于健美操项目的特点，健美操的人文美更多地体现在了动作编排的规范美；队形变换的团队协作美；比赛进退场的礼仪美等等方面。不论是日常练习或训练还是表演或比赛，整个参与健美操的全过程都有人文美的呈现。这些人文美无疑是符合"体育的人文精神"的。而体育的人文精神正是体育文化中最高的表现形式。故健美操的人文美源于体育文化。

（四）追求动感造型的艺术美

舞蹈艺术是人类历史上最早创造的艺术形式之一，在人类长期的生存与生产活动中，舞蹈艺术由过去的单一到多样，简单到精美，逐步显现出了多姿多彩的局面。

舞蹈是以人的肢体动作为主要艺术手段，通过提炼、组织、美化人的肢体动作来着重表现包括语言文字等其他艺术形式所不能表现的人类精神的世界、内心的感受、细腻的情感、矛盾的思想、迥异的性格等人与人、自然、社会及人自我内心矛盾的冲突，创造有血有肉的生动舞蹈形象，以表达审美情感、审美理想，从而反映出生活的审美属性，且具有空间性、时间性及综合性的动态造型的艺术。舞蹈作为一种社会的审美形态，在远古人类求生存的时代就已经存在了。具体而言，舞蹈产生于以下方面：

（1）舞蹈起源于劳动。这一观点是由我国舞蹈史论工作者最早提出的。劳动创造了人自身，使人和动物有了本质的区别；劳动创造了社会，使舞蹈艺术有了自己的物质载体。我国一些原始的舞蹈如：鄂温克族的《跳虎》、鄂伦春族的《黑熊搏斗舞》都是来源于日常的狩猎劳动中。

(2)舞蹈产生于模仿。这个最古老的理论是由古希腊哲学家提出的。他们认为人天性和本能就会模仿,人对自然的模仿就是舞蹈。

(3)舞蹈产生于游戏。此游戏并非通常人们说的游戏。是游戏学中的游戏,即指人的审美需求,以假象为快乐。

(4)舞蹈产生于表情。在《艺术的起源》中格罗塞强调:原始民族的舞蹈在表现情感和交流方面的重要作用,这就印证了产生于表情之说。

舞蹈讲究的是人体动作的优美、造型的新颖独特、音乐节奏的变幻以及给人以美的享受和愉悦等,这些恰恰是健美操所延续的,健美操对动作、造型、节奏以及美的享受同样有明确的要求。舞蹈和健美操都是直观的塑造艺术形象,即它们的艺术价值能够直接依靠人们的视觉器官眼睛进行审美感知。可见,健美操的艺术美源于舞蹈艺术。

## 二、健美操运动的社会发展价值

(一)健美操运动对个体社会能力的提升价值

现代社会竞争激烈,个体要适应快节奏的现代生活,就必须不断提高自己的各项素质和能力,以适应社会发展,在社会竞争中取得胜利,现代健美操对个体社会能力的提升具有重要价值。

1. 提升运动者的创新精神与领导能力

健美操运动的创编对运动参与者创新精神具有重要的提升作用,现代健美操动作内容丰富、种类繁多,不同动作的组合对健身健美效果的影响不同。在健美操运动过程中,不同的运动者都会尝试不同的健美操动作和健美操动作组合,这会在无形中形成一种创新意识。健美操运动有利于培养人的良好思维能力、应变能力、创新意识和开拓精神。这种优秀品质不仅表现在运动场上,而且也会迁移到日常的工作、学习和生活中,有利于处在不同阶段的人开拓自身不断创新的精神。

集体表演性健美操运动是一项集体运动,也是一项组织严密和协调运作的体育运动。健美操运动过程中,要求运动者具备良好的个人技术,还需要整个团队协同配合、各展所长、顺畅沟通和配合默契。长期参加健美操运动训练,有利于培养青年人的创新意识和开拓精神,有利于培养健美操运动参与者的合作意识和竞争能力,有利于培养人们的沟通意识和组织能力。这些良好的品质可以影响人的价值观念，可以有效提高运动者的团队管理能力，对健美操运动者的个人领导能力也具有重要的促进作用。

2. 提升运动者的合作精神与竞争能力

以健美操运动的集体练习和训练为例，集体表演性健美操对运动者的合作精神与竞争能力具有重要的提升价值。

在现代社会中，合作是两人或两人以上为达到共同目的，在行动上相互配合的一种互动形式。合作与竞争一样，是人与人相互作用的基本形式。在现代社会中，个人所掌握的知识或能力再多再高也是有限的。现代社会的工作模式几乎全部为团队协作模式，这完全印证了真正的力量在于集体之中的道理，合作是人类社会生活中常见的现象，这种沟通与合作具有普遍的社会意义，是团队获得胜利的基础。

健美操运动中，良好的集体配合与造型表现充满着合作精神，健美操比赛中，团队与团队之间又会形成一种竞争关系。健美操竞赛中的竞争与合作贯彻始终，表演性健美操运动的集体性规律，充分体现在协同配合和团队作风上；运动者只有很好地融入集体，整体才能发挥出最大的力量，并为运动者更好地发挥打下坚实的基础。

3. 提升运动者的沟通精神与表达能力

人们在日常生活、工作和社会活动中会谋求与他人建立一定的感情联系，满足心理需求。友好和亲近的关系会带来正面的心理满足，而如果与他人构成了一种紧张、对抗和敌视的关系则会给生活带来压力和焦虑。所以，人际关系的本质是情感的社会交流，而沟通是人际关系中最基本和最常见的要素和具体表现。

健美操运动练习，能为运动者提供一个与其他人交流的场所和契机，集体性健美操中团队协作的运动本质和队友之间高度依赖的特点为人与人之间的相互沟通提供了良好的平台。在竞技健美操比赛中，个人目标的实现都要依附在集体目标的实现之上，而集体目标的实现又是该团队全体成员共同努力的结果。实现整个团队的集体目标，需要具备良好的组织能力，统一思想，统一行动；同时健美操比赛也为培养良好的组织能力创造了条件。

随着健美操运动的进一步普及与发展，现代健美操运动各种活动和竞赛越来越多，健美操运动逐渐成为人与人、团体与团体、国家与国家之间相互交流的工具，成为建立理解、信任、团结与友谊的桥梁。凡是亲身参与健美操运动或观看健美操比赛的人，都会在共同的参与中得到满足和愉悦，人们在共同体验和欣赏健美操运动美的同时，建立良好的人际关系、社会关系。

健美操运动中人与人、团体与团体之间的沟通，不仅是语言的沟通与表达，还表现在肢体语言表达方面，健美操练习能使运动者的表达能力（包括语言表达能力、表情表达、肢体表达等）更加丰富。一个人要想融入其中就必须要与他人建立起良好的人际关系，如此在日后开展学习或工作时才能大家彼此帮助，引起事半功倍的效果。人与人之间在沟通过程中所获得的心理满足，而人际的交流都依赖于人与人之间的沟通。沟通更像是一门语言的艺术，更是一种能力表现。

4. 提升运动者的适应能力与生活质量

人既是有着器官组织的生物人，也是有着丰富情感和独特个性的心理人，而从本质上看，人又是一个社会人，扮演着各种各样的社会角色。在健美操运动中，运动者可以体验不同的社会角色，如学员、同伴、观赏者、评判者等，艺术化表演健美操中的情景设置，更是能让运动者和观众体验更多丰富多彩的角色和角色情感，每位参与者在健美操运动过程中都能充分体验到不同角色的情感体验。通过在健美操中的角色转移，可以使参与者理解健美操运动中的不同角色和角色转换的心理体验。人在社会中学习、生活、工作，也需要面临不同的社会角色，如学生、家人、朋友、同事、竞争者、领导者等，这些不同的社会角色的定位与角色的转换也是根据社会的需要确定的，它是与人们的某种社会地位和身份相适应的。在很多情况下，角色如果发生了变化，人的心态也要随之进行调整。经常参加健美操活动，将有助于理解角色的含义，尽快地适应周围环境，并能通过自身的努力，适应不同的社会角色。

社会经济科技的快速发展，给人们的生活方式带来了深刻的变化。这是由于社会生活条件对生活方式产生制约影响的结果，在不同的历史时期和社会背景下，人们的生活均会或多或少地打上时代的烙印。现代科学技术在为人类提供现代化的工作和生活条件的同时，也给人们带来了更多的心理刺激。作为社会成员，如果不能适应快节奏的现代社会生活，就会在生理上或心理上出现障碍，最终将导致体质的下降。健美操运动是一种健康的休闲娱乐运动项目，经常参与健美操运动则可以影射到现代生活当中，对人们的生活方式产生深刻的影响。

经常参加健美操运动的人，白天在运动中消耗了大量的能量，到了晚上睡觉时都会自觉休息，尽快恢复自己的体力；并且注意合理必要的饮食，补充人体必需的能量。在集体性健美操运动练习过程中，健美操运动对不同学员在训练方面是有一定要求的，这些基本要求都有利于规范现代人的作息时间、保证必要的营养等。现代人生活的规律性，是保障良好的身体素质的前提。因此，经常参加健美操运动有利于培养人的良好生活习惯。

健美操运动的轻快的音乐和动作练习有利于提高人们适应环境的能力，健美操运动爱好者充沛的体力和精力，是适应快节奏环境的物质基础。健美操运动的趣味性有利于释放人们的身心压力。越来越多的人已积极投身于健美操运动，他们不愿意仅满足于作为一名健美操比赛的欣赏者，而是期待早日身体力行参与其中，亲身体验"生命在于运动"的真谛。健美操运动能给参与者的生理、心理、社会适应能力均带来良好的发展。运动者从事健美操运动体验到的是身体运动带来的快感，人际交流带来的愉悦，心理沟通带来的满足，文化交流带来的思考与感悟，实现的是现代人的价值观念和文化追求。健美操运动已经成为现代人生活中的一项重要内容，对于现代人享受健康生活、提高生活质量具有重要影响。

（二）健美操运动对整体社会发展的促进价值

1. 规范个人的社会行为习惯

健美操运动是一项讲求规则的运动，参与者都要在比赛规则的约束下进行表演与比赛，健美操运动比赛中始终贯穿的体育道德精神有助于规范运动者行为，从而使人获得对现代社会生活方式的模拟与演练，以培养人们形成健康文明的社会行为习惯。

（1）健美操竞赛规则对个人社会行为的约束。健美操运动中，每个运动者的行为都要符合健美操规则，要自觉养成遵守规则的行为习惯。健美操比赛中，任何规则所不允许的比赛言行，不仅要受到规则的严厉处罚，同时还要受到社会规则和社会公德的谴责，情节严重的还将受到法律的制裁。健美操比赛对于运动员的技术动作有着严格的要求，明确指出什么动作能做，什么动作不能做，可以完成的动作应具有哪些具体的技术标准和要求，参与健美操运动的人在长期"不断提醒与规范行为"的环境中，会逐渐理解与遵守健美操规则，长此以往这种思维会在人身处社会环境中得到潜移默化的影响，即人也越发注重社会行为规范。

（2）体育道德精神对个人的社会行为的影响。作为一种特殊的体育文化形式，健美操运动的竞赛规则和体育道德精神，从更深的意义上讲，还有文化的约束力，如信仰、伦理、道德等。体育的道德精神和竞赛规则，保证了双方在公平合理的条件下展开攻防对抗，保护健康文明和积极合理的行为，限制粗野动作和不礼貌、不道德的行为。健美操运动者所拥有的众多良好品质，都会迁移到日常的工作、学习和生活中，有利于规范人的行为。

2. 促进社会的精神文明建设

（1）构建社会主义民主意识。民主是社会进步的一个重要标志，是社会文明的象征，健美操锻炼参与的大众性和比赛结果评定的公开性，在程序上决定了健美操比赛必定是个民主过程，运动者在参与过程中能建立民主意识。在我国实施的"全面健身"计划和"奥运争光"计划的过程中，竞技健美操和大众健美操都同样具有很强的吸引力。对于健美操运动爱好者来讲，人人都可以平等地参加每一项健美操活动，并在活动中"获取与其天赋相适应的运动成就"，在健美操正式和非正式的比赛中，每个人都能从组织或锻炼实践中感触民主化程序，这就使得健美操比赛的参与者主动或被动地养成民主化的作风，这有助于其社会性民主意识的形成。

（2）促进社会文化的发展与丰富。健美操运动具有丰富的健身价值，这就使得健美操运动在大众健身运动中具有广泛的群众基础，如今，健美操运动已经成为名副其实的全球性社会文化和全民性健身强体、修德养心的工具和手段，这种运动性文化色彩的氛围将不断深化，并且成为社会生活的特殊组成部分。另外，世界范围内开展的健美操运动的形式更加多样，其中比较具有代表性的有街头健美操、轮椅健美操等，这些健美操运动形式有着较强的趣味性和健身性，受到人们的广泛欢迎与喜爱。就我国健美操运动的发展状况而言，大众健美操不受年龄和性别等因素的限制，受到越来越多的健身健美爱好者的关注与参与，它能够丰富和活跃人们的业余文化生活，起到振奋民族精神，推动社会发展与进步，促进社会主义精神文明建设的作用。

3. 推动社会的经济繁荣发展

（1）提高劳动力质量和工作效率。积极地促进人们的身心健康，提高人们的劳动、工作和学习效率，参与健美操运动可以被看作是对人力资源的一种投资行为。而这种投资所获得的效果就是将人的身体转化为健康的身体，以便更好地投入到生产当中的资本存量，而提升人力资本对促进和实现人的现代化和社会经济的发展具有重要的作用。

（2）促进体育健身及相关产业发展。体育的发展能带来良好的经济效益，这一点在现代健美操运动中获得了充分体现。健美操所特有的保健、医疗、健身、健美、娱乐的实用价值，深受现代人们的喜欢和重视，社会中不同年龄的爱好者纷纷参与到健美操运动中来，并逐渐形成了一支规模的消费群体。目前，现代健美操比赛已进入商业化阶段，对经济的发展、市场的繁荣、效益的产业化起到积极的促进作用。而深受人们喜爱的大众健美操运动在年龄、性别等方面均无限制，因而对于人们身心健康水平以及工作和学习效率的提高是较为有利的。各种健身俱乐部的兴起，不仅满足了广大人民群众的健美操科学健身及健身指导需求，同时，也促进了体育经济的发展。大众健美操的广泛开展，也促进了服装业、音像制品业、医疗卫生、广播广告业等相关产业的连带发展。

现代健美操运动的广泛普及和健美操文化的深入发展，健美操运动逐渐成为具有强大影响力的一项体育娱乐休闲产业，其所带来的巨大经济价值反过来也会促进健美操运动的进一步丰富和发展。

# 第二章　健美操发展创新的基本要素

## 第一节　健美操运动相关术语解读

术语是指各门学科的专门用语，术语一般使用语言中已有的词汇，按语法规则构成。健美操术语是用来表达健美操动作名称以及描述动作、技术过程的专门用语和专有词汇。由于健美操源于国外，所以常用的健美操动作术语有转意词，也有音译词。虽然各国语言文字不同，但术语所表达的概念应当尽量追求一致。

健美操属于体操项目，它的动作术语是在体操徒手动作的基础上，依据体操术语的基本原则发展起来的，是从人体自然动作的运动规律中派生出来的；舞蹈（爵士舞、霹雳舞、中国民族舞等）专业的部分动作术语，有时也在健美操教学和训练中被采用——这些词汇的汇聚和演变产生了健美操动作的基本术语和专业术语。健美操术语以简练、明确的词汇，确切而又形象地反映出动作形式和一般技术特征。

### 一、健美操术语的特性、作用与原则

（一）健美操术语的主要特性

健美操术语的文字特点是简单易懂，且含有特定的信息，是参加专业理论与实践活动的统一技术用语，便于书写、学习、交流和推广，是传播交流健美操信息不可缺少的工具。因此，健美操术语主要具有以下特性：

（1）统一性。作为一种交流专业思想的工具，无论是讲述动作要领、交流训练体会、制订训练计划，还是编写大纲、教材以及开展科研工作等一切与健美操有关的活动，都需要运用术语，这就要求所用的术语必须具有统一性。

（2）科学性。正确的术语应能反映动作的基本形态、抽象动作的基本特征，

是对所述动作技术的一种理解,这就要求所使用的术语应具有较严格的逻辑性及科学性。科学的术语能加深对动作技术的理解,有利于动作技能的形成,因而能在教学、训练中起到积极作用。

(3)实践性。术语的运用者有广大的教练员、运动员,也有众多健美操爱好者,因而术语的选词必须通顺达意,以利于运动的开展,更好地为教学训练服务。

(4)多元性。健美操运动中,除了正规术语外,在口语运用时还借用其他运动项目的术语,如依柳辛、科萨克、托马斯等。

### (二)健美操术语的重要作用

无论是俱乐部还是学校的健美操教学课,各种健美操术语都被大量使用。

教师在教学时正确使用健美操术语描述动作,可以使学生大脑接受的动作信息尽可能精确,准确理解教练或教师所想表达的意思,从而加深对动作的理解。教练或教师使用术语进行教学活动,可以大大节省课上的时间,因为健美操课的特点是以练习动作为主,讲解占用的时间越多,练习的时间就会越少。

健身俱乐部的有氧健美操课的特点决定了上课的整个过程中,教练几乎没有停下来讲解的时间,教练会在带领大家练习的同时加入语言讲解,所用的健美操术语必须简短而准确。健美操术语的另一个作用是用于记录动作,编写教案、教材及专业书籍时作为准确的书面用语。由于书面的文字必须精确和专业,健美操术语就显得尤为重要。

符合"简练、准确、易懂"要求的术语是传播、交流信息不可或缺的工具,而且在提高教学、促进普及等方面也起着重要的作用。

### (三)健美操术语的设定原则

(1)简练性。概念或动作名称的语词应简短,是术语最本质的特征。

(2)准确性。用词力求准确,能明确反映动作及动作过程。

(3)易懂性。术语要通俗易懂,便于理解,便于记录,易为人们所接受。

(4)组合性。基本术语要能按规定的形式和顺序进行组合,成为各种动作名称。

(5)适用性。概念和动作名称既要符合我国当前的习惯,又必须与国际用语接轨,以利于新术语的推广应用和进行国际交流。

## 二、健美操术语的类型划分

目前健美操项目中使用的术语来源广泛，其中有些术语是借鉴其他项目的常用术语，如体操、舞蹈、艺术体操等。下面将健美操课上可能出现的各种术语进行汇总，按照分类原则进行类型划分并列出。

（一）健美操的基本术语

1. 场地方位

为了表明人的身体在场地上所处的方位，一般可以借鉴舞蹈中基本方位的术语，把开始确定的某一面（主席台、裁判席）定为基本方位的第一点，按顺时针方向，每45°为一个基本方位，将场地划分为8个基本方位，即1，2，3，4，5，6，7，8点。

2. 运动方向

运动方向指身体各部位运动的方向，运动方向一般根据人体直立时基本方位来确定。

向前：做动作时胸部所对的方向。

向后：做动作时背部所对的方向。

向侧：做动作时肩侧所对的方向，必须指明左侧或右侧。

向上：头顶所对的方向。

向下：脚底所对的方向。

顺时针：转动过程与时针运动方向相同。

逆时针：转动过程与时针运动方向相反。

中间方向和斜方向：两个基本方向之间45°的方向，如侧上、前下。

向内：肢体由两侧向身体中线的运动。

向外：肢体由身体正中线向两侧的运动。

同向：不同肢体向同一方向运动。

异向：不同肢体向相反方向运动。

3. 动作之间相互关系

同时：不同部位动作要在同一时间内完成。

依次：肢体不同个体相继做同样性质的动作。

交替：不同肢体或不同动作反复进行。

双侧：两臂同时做同样的动作或下肢依次做相同的动作。

单侧：只有一只手臂做动作或只做了一个方向的动作，如侧交叉步、右臂屈伸两次。

同侧：与最初开始动作的肢体同一方向的上肢或下肢动作的配合。

异侧：与最初开始动作的肢体不同方向的上肢或下肢动作的配合。

同面：上肢动作和下肢动作的运动面一致，如身体向侧移动、手臂侧摆。

异面：上肢动作和下肢动作的运动面不一致，如向前走、手臂侧摆。

对称：左、右肢体做相同的动作，但方向相反。

不对称：左、右肢体做不同方向的动作。

4. 动作连接过程

在描述一个连续动作过程时，用以下术语表达动作的相互关系及先后顺序。

由：动作开始的方位，如由内向外。

经：动作过程中经过的位置，如两臂经体前交叉。

成：动作完成的结束姿势，如左腿侧迈一步成左弓步。

至：动作必须到达的某一指定位置，如提膝至水平位置。

接：强调两个单独动作之间连续完成，如团身跳接屈体分腿跳。

5. 运动形式

举：手臂或腿向上抬起，停在一定位置，如臂上举、举腿。

屈：身体某一部分形成一定角度，如屈腿、体前屈。

伸：身体某一部分形成一定角度后伸直，如伸臂、侧伸。

摆：肢体在某一平面内由一个部位运动到另一个部位，不超过180°，如后摆。

绕：身体部分转动或摆过180°以上，如绕髋。

踢：腿由低向高做加速有力的摆动动作，如弹踢。

撑：手和身体某部分同时着地的姿势，如仰撑、跪撑。

交叉：肢体前后或上下交叠成一定角度，如十指交叉、交叉步。

转体：绕身体纵轴转体的动作，如单脚转体、水平转体。

平衡：用一只脚支撑地面，身体保持一定静止姿势。

水平：身体保持和地面平行的一种静止动作，如分腿水平。

波浪：身体某部分邻近的关节按顺序做柔和屈伸的动作，如手臂波浪、身体波浪。

跳跃：双脚离地，身体腾空并保持一定的姿势，如团身跳、开合跳。

劈叉：两腿分开成直线着地的姿势，如横叉、纵叉。

提：由下向上做运动，如提臀、提肩。

沉：身体某部分放松下蹲的动作，如沉肩、沉气。

含：两肩胛骨外开、胸部内收，如含胸。

挺：胸部或腹部向前展开，如挺胸。

振：身体某部分弹性屈伸或加速摆，如振胸、振臂。

夹：由两侧向中间收紧。

收：向身体正中线靠拢或还原到起始位置，如收臂。

推：以手作用于地面或对抗性用力，如推起、前推。

倒：身体由高向低做弧形运动，如倒肩、前倒。

蹬：腿部由屈髋到伸直发力的过程，如蹬地、侧蹬。

倾：身体与地面形成一定角度，如前倾、左倾。

控：身体或肢体抬（举）在一定的高度上，并保持一定的时间，如控腿。

6. 移动

移动：向着相应的参考点方向运动的方式。

向前：向着前面的参考点方向运动（注意"前"和"向前"的区别，可以面朝前向前移动，也可以面朝后向前移动）。

向后：向着后面的参考点方向移动。

向侧：向着侧面的参考点方向移动。

原地：无移动或在4拍内回到原来的地方。

转体：身体绕垂直轴转动。转体360°可以是4×90°或2×180°的转体。

绕圆：绕着一个相应的点做转体，经常是向前、向后和向侧移动的结合。

7. 运动轴与面的关系

人体运动时包含了轴与面的关系，如单臂体侧大绕环就是手臂围绕额状轴（肩轴）在矢状面上的运动。

垂直轴：又称纵轴，通过身体重心上下的连线。人体围绕纵轴，可以做各种转的动作。

额状轴：又称横轴，通过身体重心左右的连线。人体围绕横轴，可以做各种翻的动作。

矢状轴：又称前后轴，通过身体重心前后的连线。人体围绕前后轴，可以做各种侧翻的动作。

水平面：横切直立人体与地面平行的切面，水平面将人体分为上下两半。

额状面：沿身体左右径所做的与水平面垂直的切面，额状面将人体分为前后两半。

矢状面：沿身体前后径所做的与水平面垂直的切面，矢状面将人体分为左右两半。

（二）健美操的专门术语

1. 步法名称

步法是特定节奏下的脚步运动方法，包括下肢的各种走、跑、跳及舞步。最常用步法的中英文术语对照具体见表2-1[①]。

表2-1　健美操基本步法中英文术语对照

| 中文 | 英文 | 中文 | 英文 |
| --- | --- | --- | --- |
| 踏步 | March | 弓步 | Lunge |
| 走步 | Walk | 摆腿 | Leg Lift |
| 一字步 | Easy Walk | 踢腿 | Kick |
| V字步 | V Step | 跑 | Jog |
| 曼步 | Mambo | 双脚跳 | Jump |
| 并步 | Step Touch | 开合跳 | Jump Jack |
| 交叉步 | Grapevine | 单腿跳 | Hop |
| 点地 | Tap，Touch | 弹踢腿 | Flick |
| 后屈腿 | Leg Curl | 半蹲 | Squat |
| 吸腿 | Knee Lift | | |

健美操基本步法按冲击力的大小分为无冲击力步法、低冲击力步法、高冲击力步法三种，但许多低冲击力步法同时也可做成高冲击力步法。根据步法完成形式的不同，又可将基本步法分为踏步、迈步、点地、抬腿、双腿五类，具体见表2-2。

---

① 本节表格均引自康丹丹.高校健美操教学与创新研究[M].北京：北京工业大学出版社，2019.

表 2-2　健美操步法分类

| 类别 | 高冲击力步法 | 低冲击力步法 | 无冲击力步法 |
| --- | --- | --- | --- |
| 踏步类 | 跑步（Jog）<br>小马跳（Pony） | 踏步（March）<br>走步（Walk）<br>曼步（Mambo）<br>一字步（Easy Walk）<br>V字步（V Step）<br>桑巴步（Samba）<br>恰恰步（Cha Cha） | |
| 迈步类 | 踏步跳（Leap）<br>迈步吸腿跳（Step Knee） | 并步（Step Touch）<br>交叉步（Grapevine）<br>滑步（Slide）<br>迈步点地（Step Tap）<br>迈步吸腿（Step Knee）<br>迈步踢腿（Step Kick）<br>迈步后屈腿（Step Curl） | |
| 点地类 | | 脚尖点地（Touch）<br>脚跟点地（Tap） | |
| 抬腿类 | 吸腿跳（Knee Up）<br>摆腿跳（Leg Lift）<br>钟摆跳（Swing）<br>弹踢腿跳（Kick Jump） | 吸腿（Knee Up）<br>摆腿（Leg Lift）<br>踢腿（Kick） | |
| 双腿类 | 并腿跳（Jump）<br>开合跳（Jumping Jack）<br>弓步跳（Lunge Jump） | | 弹动（Spring）<br>半蹲（Squat）<br>弓步（Lunge）<br>提踵（Calf Raise） |

2．上肢动作名称

（1）常用手形。常用手形包括掌形、拳形、五指张开形。

1）基本手形：①掌形：并掌、开掌、立掌。②拳形：实心拳、空心拳。

2）其他手形：西班牙舞手形、剑指、响指、V形指、托掌、孔雀指等。

（2）常用上肢动作。上肢动作是由手臂的自然摆动、力量练习以及基本体操的徒手动作和舞蹈组成，其目的是为了丰富健美操动作内容，具体见表2-3。

表 2-3　健美操常用上肢动作中英文术语对照

| 中文 | 英文 | 中文 | 英文 |
| --- | --- | --- | --- |
| 屈 | Bicep Curl | 伸 | Triceps Kickback |
| 举 | Raise | 前举 | Front Raise |
| 侧举 | Lateral Raise | 振 | Shake |
| 摆 | Swing | 低摆 | Low Row |
| 绕 | Scoop | 绕环 | Circle |
| 旋 | Rotation | 推 | Push |
| 胸前推 | Chest Press | 肩上推 | Shoulder Press |
| 上提 | Upright Row | 下拉 | PutDown |
| 冲拳 | Punch | 交叉 | Cross |

3．身体其他部位动作

胸部动作：含胸、展胸、移胸和振胸。

腰部动作：屈、转、绕和绕环。

髋部动作：顶髋、提髋、摆髋、绕髋和髋绕环。

躯干动作：向前、向后、向左、向右的波浪动作。

上述这些动作主要来源于体育舞蹈和体操。

4．地面动作

健美操中有一部分内容是在地面上进行的局部力量练习。例如，练习腹部和背部的肌肉力量，可以通过不同的姿势来实现。

跪：屈膝并以膝着地的姿势，有跪立、单腿跪立、跪坐、跪撑等。

坐：以臀部着地的姿势，有屈腿坐、并腿坐、分腿坐、半劈腿坐、盘腿坐等。

卧：身体躺在地上的姿势，有仰卧、侧卧、俯卧等。

撑：手着地并承担身体重量的姿势，有俯撑、俯卧撑、蹲撑、仰撑等。

5．竞技性健美操难度动作

目前，竞技性健美操难度动作共有 300 多个，分为四类：动力性力量、静力性力量、跳与跃、柔韧与变化，具体见表 2-4。

表 2-4 竞技性健美操难度动作组别

| A 组动力性力量 | B 组静力性力量 | C 组跳与跃 | D 组柔韧与变化 |
|---|---|---|---|
| 俯卧撑<br>文森俯卧撑<br>提臀起<br>俯卧撑腾起<br>分切<br>旋腿<br>直升机<br>开普<br>托马斯 | 分腿支撑<br>分腿高直角支撑<br>直角支撑<br>高直角支撑<br>水平肘撑<br>文森支撑<br>水平支撑 | 空转<br>自由倒地<br>给纳（前摆转体）<br>塔玛诺<br>团身跳<br>屈体分腿跃<br>屈体分腿跳<br>科萨克跳<br>屈体跳跨跳<br>纵劈腿跳<br>横劈腿跳交换腿跳<br>踢腿跳<br>剪式变身跳 | 单足转体<br>纵劈腿<br>垂地劈腿<br>横劈腿<br>横劈腿前卧<br>平衡转体<br>依柳辛 |

这些动作中绝大多数都是以常规术语描述，如单臂侧倒俯卧撑、前摆跳转 180° 成俯撑、扳腿平衡转体 360° 等。

另外，也有一些难度动作是以特有的术语名称来指代。

文森：膝关节内侧放于肘关节处的地面支撑动作。

托马斯全旋：竞技体操项目中自由体操和鞍马动作的移植。

分切：俯卧推起后两腿分别经两侧向前摆成仰撑。

直升机：分腿坐后倒，两腿依次做绕环后成俯卧撑。

科萨克跳：双腿垂直起跳，双腿平行于地面，一腿屈膝。

剪踢：单脚起跳，一腿踢至水平面上，腾空剪刀式交换大踢。

剪式变身跳：单脚起跳，转体 180° 交换腿展示纵叉姿势。

依柳辛：由站立姿势开始，一腿后摆做垂直面内绕环，同时身体以支撑腿为支点转体 360°。

开普：单臂支撑侧水平劈腿。

6．动作表现形式

弹性：关节自然地屈伸，给人一种轻松、自然的感觉。

力度：动作的用力强度，通常以肢体的制动技术来体现力度。

节奏：动作的用力强弱交替出现，并合乎一定的规律。

幅度：动作展开的大小，一般是动作经过的轨迹越大则幅度越大。

风格：一套动作所表现的主要艺术特色和思想特点。

激情：充满健美操特点的强烈兴奋的情感表现。

7. 动作强度

动作强度以脚接触地面时身体承受的冲击力大小来划分。

冲击力：人体运动时对地面产生一定的作用力，而地面同时也给予人体相应的反作用力——冲击力，这种冲击力随着每一个动作自下而上通过人体向上传递并逐渐消失。

无冲击力动作：两只脚都接触地面，身体重心在两腿之间，或者不支撑体重的动作，无腾空动作，如半蹲、提踵、弓步及垫上动作、划船机和自行车练习等。

低冲击力动作：总有一只脚接触地面的动作，如踏步、交叉步等。

高冲击力动作：两只脚都离开地面，即有腾空的动作，如开合跳、吸腿跳等。

## 第二节 健美操基本动作特点与分类

### 一、健美操基本动作的特点

健美操基本动作是健美操运动的基础，是最小的健美操运动元素，所以健美操的组合动作都是在基本动作的基础上发展和演变起来的。健美操的基本动作简便易学，是健美操初学者的必修课。通过练习健美操基本动作，有助于练习者建立良好的身体姿态，良好的身体姿态是健美操练习者精神面貌和扎实功底的表现。熟悉掌握健美操基本动作，可以使健美操练习者更快、更好地学会动作组合和整体动作。健美操基本动作是健美操组合的基础，只有熟练掌握基本动作，练习者才能更好地理解组合，以便更好地掌握组合。通过健美操基本动作的练习，健美操练习者可以更好地体会发力、用力和控制的过程，达到更好的练习效果。掌握好健美操基本动作的动作规格、所用拍数，有助于健美操编排者更好地编排动作组合。健美操基本动作具有非常重要的作用，不管是健美操练习者还是编排者，都要好好地掌握健美操基本动作。健美操基本动作主要具有以下特点：

第一，健美操基本动作是健美操最典型、最核心的部分。健美操中使用动作的变化和创新都是在基本动作的基础上产生和发展的,身体某个部位的基本动作具有各部位的共同特征,最具有代表性和典型性。

第二,健美操基本动作内容丰富,动作相对比较简单,练习者易于联系和掌握。健美操的基本动作是从传统的器械健身演变而来,并融入了安全、艺术、实用等其他因素,逐渐形成了具有自身特点、风格的一套动作,其基本动作不仅丰富多样,而且易于使练习者掌握和达到锻炼效果。

第三,健美操基本动作是健美操动作中最重要而且是最稳定的部分。健美操基本动作不仅代表了健美操的特点,而且是健美操基本的组成部分,在基本动作的基础上不断地加以变形、组合,加以节奏、路线、方向等变化为动感、流畅、优美的不同的动作组合,因此健美操基本动作是健美操动作最重要也是最稳定的部分。

## 二、健美操基本动作的分类

（一）竞技健美操基本动作

竞技性健美操比赛套路始终保持了传统有氧操的特点,规则规定成套动作必须包括七种健美操步伐,但动作规格上稍有别于健身健美操,对关节和四肢的位置要求更高,在完成上强调正确地控制、协调、灵活、流畅的动作变化。

1. 踏步

腿屈于腿前,髋与膝保持弹动;膝、踝关节放松,落地时脚尖圆滑地过渡到脚跟;上体表现出腰腹的控制力量保持自然的直立;整个过程感觉向上不下坠。

变化:包括角度、高度、方向的变化,如 V 字步、转体步等。

2. 后踢腿跑

上体保持正直,单腿屈膝向后。摆动腿的小腿,最大幅度的向臀部后屈;髋和膝在一条线上,脚面绷直表现出控制力,落地缓冲时脚尖滚动至脚跟着地。

变化:包括各种角度和方向的动作变形。

3. 吸腿跳

上体保持正直吸腿,摆动腿髋与膝最大程度的弯曲,关节角度不小于 90°,达到最高点时小腿垂直地面,脚尖绷直。

变化:包括各个空间、角度、高或低强度的动作变形。

4. 踢腿跳

屈髋做直腿高踢的动作，屈起腿在髋部前或侧运动，踢起腿的高度不低于肩，支撑腿伸直，动作过程中上体自然直立，脚面绷直。

变化：包括各个平面、高度、高或低强度与方向的动作变形，如中踢、高踢和垂直踢。

5. 开合跳

两腿跳起落地成开立，两脚分开的距离大于肩宽，两脚尖向外分开，膝关节在脚尖方向上弯屈。并腿时，足跟并拢，脚尖向前或外开。这个过程上保持自然直立，跳起动作控制有力，脚尖过渡至脚跟缓冲。

变化：包括各个角度的髋膝关节的高或低强度的动作变形。

6. 弓步跳

脚部由并拢或分开开始，跳起落地，一腿向后蹬直，一腿弯曲，前后成一条直线，低强度动作时，身体微前倾前腿负重，颈与足跟成一条直线；高强度时双腿前后交替跳动，重心在两脚之间。

变化：包括各个空间、角度、高或低强度的动作变形。

7. 弹踢腿

起始动作为髋部伸展的后踢腿跑，小腿后屈向下方踢腿。摆动腿表现出制动动作，整个过程表现出很好的控制。

变化：包括各个空间、角度、方向、高或低强度的动作变形。

关于竞技健美操的操化动作及难度动作在规则中也有详细的描述，具体参看竞技健美操竞赛规则。

（二）健身健美操基本动作

目前健身大众健美操基本动作有很多，也有引进其他项目的内容，都已经被长期使用并发展成健美操常用的基本动作。下面从步法（无冲击步法、低冲击步法、高冲击步法）、上肢动作和躯干动作进行归纳总结。

1. 无冲击步法

无冲击步法动作是指两脚始终接触地面的动作，身体重心在两脚之间，没有腾空动作。

（1）弹性：膝关节有弹性地屈伸。

（2）半蹲：两腿分开或并拢，屈膝。

（3）弓步：一腿向前（侧、后）迈步屈膝，另一条腿伸直。

（4）提踵：脚跟向上提起，然后还原。

（5）箭步蹲：一腿向前一步屈膝；另一腿屈膝，大腿垂直地面，脚跟向上；中心在两脚之间。

2. 低冲击步法

低冲击步法是指在做动作时始终有一只脚接触地面，根据它的完成形式分为以下四类：

（1）踏步类。踏步类动作是两脚交替落地的动作。

1）踏步

动作方法：单拍完成动作。两只脚在原地交替抬起和落地。

完成要领：前脚先落地，过渡至全脚，从踝关节、膝关节、髋关节依次缓冲，保持腰腹；肌肉收紧。

2）一字步

动作方法：4拍完成的动作。两脚依次向前迈一步，并拢，再退一步，还原。

完成要领：每次落地下肢关节依次顺势缓冲。

3）V字步

动作方法：4拍完成的动作。以右脚为例，右脚向右前迈一步，屈膝缓冲，左脚向左迈一步成屈膝半蹲，两脚成运动轨迹V字形，然后从右脚依次退回原位。

完成要领：迈出的脚以脚跟落地，过渡至前脚，并注意关节的缓冲及动作的弹性。可加入不同的手臂动作。

4）曼巴步

动作方法：4拍完成的动作。曼巴步简称漫步。以右脚为例，右脚先前或向后迈一步，屈膝缓冲，重心前移，左脚稍抬起；重心后移，右脚还原，左脚稍抬起。

完成要领：动作过程重心移动不要过大，以免失去节奏控制。完成的曼巴步需要4拍，但经常被分为前后1/2漫步以连接其他步法。

5）小曼巴步

动作方法：6拍完成动作。小曼巴步简称小漫步。以右脚为例，右脚向左前做1/2漫步后还原，然后左脚再向右前方再做1/2漫步。

完成要领：注意每一拍落地时的缓冲，手臂动作比较随意，也可做拉丁的动作；可做一个向后的小漫步动作。

6）桑巴步

动作方法：6拍完成动作。以右脚为例，右脚向右踏一步，左脚向右脚后做1/2漫步，然后左脚向左踏一步，右脚向左脚后再做1/2漫步。

完成要领：注意每一拍落地时的缓冲，手臂动作比较随意，也可做拉丁的动作；可向前做桑巴步，还可变换节奏完成。

7）恰恰步

动作方法：2拍动作。以右脚为例，右脚迈一步，后半拍左脚在右脚后方快速跟进一步或跳起并步，然后右脚再向前一步。

完成要领：注意节奏的掌握，第一拍两动，第二拍一动；通常和漫步连用。

（2）迈步类。迈步类是一脚先迈一步，同时移重心，另一腿做点、抬、并等动作。

1）并步

动作方法：2拍完成的动作。以右脚为例，右脚向右侧迈一步，左脚前脚掌并与右脚，稍屈膝下蹲，然后接反方向。

完成要领：落地时膝部应顺势向下屈膝缓冲，动作过程保持腰腹的稳定。

2）交叉步

动作方法：4拍完成的动作。一腿向侧迈出，另一条腿在其后交叉，稍屈膝，随之再向侧一步，另一脚点地并拢；然后可接反方向。

完成要领：交叉步是向侧移动的主要步法之一，应尽能力增大完成动作的幅度，落地时膝部应顺势向下屈膝缓冲，动作过程保持腰腹的稳定。

3）迈步后屈腿

动作方法：2拍完成的动作。一脚向右侧迈一步，膝稍屈曲，另一腿小腿后屈；然后可接反方向。

完成要领：第一拍迈步落地时有一个两腿都屈的过程，接着重心应控制在支撑腿上，保持关节的弹动控制；另一腿勾脚后屈，脚跟尽量靠近腿部。

4）迈步吸腿

动作方法：2拍完成的动作。一脚向前或向侧迈一步，另一腿屈抬膝至水平，然后还原。

完成要领：保持关节的弹性控制，屈膝抬起的腿可根据能力尽量抬高，腹肌收紧，上体稍前倾靠向大腿。

5）滑步

动作方法：2拍完成的动作。以右脚为例，右脚右侧迈一大步屈膝站立，左脚侧点地滑行至左脚，上体稍侧屈。

完成要领：此动作作为舞蹈的动作，故身体控制及姿态要求较高。保持重心在支撑腿上，上体侧屈并先行引领上肢动作。

6）迈步前踢腿

动作方法：2拍完成的动作。一脚向前迈一步，另一脚向前下弹踢，然后两脚依次还原。

完成要领：弹踢腿使关节不要强直，保持重心稳定，腰腹收紧。

7）迈步侧踢腿

动作方法：2拍完成的动作。以右脚为例，右脚迈一步，左脚向左侧提出，然后接反方向。

完成要领：弹踢腿使关节不要强直，脚面向上，保持重心稳定，腰腹收紧。

（3）点地类。一腿屈膝站立，另一腿伸出，用脚尖或脚跟点地后还原到并腿位置。

1）脚跟前点地

动作方法：2拍完成动作。一脚稍屈膝站立，另一脚跟前点地，然后还原。完成要领：中心开始在支撑腿上，保持支撑腿的弹动，腰腹保持稳定。

2）侧点地

动作方法：2拍完成的动作。以右脚为例，走腿稍屈膝站立，右腿脚尖右侧点地，然后还原。

完成要领：重心始终在支撑腿上，腰腹保持稳定，动力脚往远延伸，脚背向前。

（4）抬起类。一腿支撑地面，另一只腿以支腿或屈腿形式向上抬起。

1）吸腿

动作方法：2拍完成的动作。一腿支撑地面，另一只腿屈膝向上抬起，还原。完成要领：保持支撑腿的弹性缓冲及身体稳定。

2）踢腿

动作方法：2拍完成的动作，一腿支撑地面，另一只腿向前或向侧踢，还原。完成要领：保持支撑腿及身体稳定。

3. 高冲击步法

高冲击步法是指有一瞬间双脚同时离开地面的动作，有腾空的动作。

（1）迈步跳起类

1）并步跳

动作方法：以右脚为例，右脚迈一步同时蹬地起跳，左脚并与右脚，两脚同时落地。

完成要领：单脚起跳，双脚落地，空中保持身体姿态，落地屈膝缓冲。

2）上步吸腿跳

动作方法：右脚迈一步同时蹬地起跳，另一只腿吸起，单脚落地。

完成要领：单脚起跳，单脚落地，空中保持身体姿态，落地屈膝缓冲。

3）开合跳

动作方法：4拍完成的动作。双脚并拢屈膝向上起跳，落地成开立，再向上起跳，两腿并拢还原。

完成要领：双脚起跳，落地开立脚尖向外转开，脚尖膝盖同一方向，屈膝缓冲，空中保持身体状态。

4）弓步跳

动作方法：单拍完成的动作。两腿并拢起跳，落地后一腿在前一腿在后的弓步，或半侧面弓步。

完成要领：双脚起跳，落地时成弓步，身体保持直立，前腿屈膝缓冲。

（2）单脚起跳类

1）弹踢腿跳

动作方法：2拍的动作。右腿抬起前屈，左脚起跳同时将右膝伸直（侧、后）踢出，然后右脚落地同时左腿后屈，反方向动作重复。

完成要领：弹腿时，大腿先发力，小腿再弹出，有控制向前下方延伸。

2）后踢腿跑

动作方法：两脚经过腾空后，一脚落地，另一腿后屈膝，反方向重复。完成要领：单脚起跳，单脚落地，屈膝缓冲，保持身体直立状态。

3）小马跳

动作方法：2拍完成的动作。右脚抬起，左脚蹬地离开地面跳起后向侧跳一小步，左右脚依次落地并交换腿小跳，至右脚站立，左脚脚尖点地。

完成要领：单脚起跳，依次落地。交换腿动作，脚踝弹动缓冲，保持身体直立姿态。

4．上肢动作

上肢动作包括基本手型和常用的上肢动作，它既能使动作变化多样，又能改变动作的强度和难度，提高观赏价值。

（1）上肢动作基本手型

1）并掌：五指并拢伸直，指关节不能弯曲。

2）开掌：五指用力分开伸直。

3）花掌：又叫西班牙手型。分掌的基础上，从小指依次内旋，形成一个扇面。

4）立掌：手掌用力上屈，五指指关节自然弯曲。

5）一指：拇指与中指、无名指、小指相叠，食指伸直。

6）剑指：拇指与无名指、小指相叠，中指与食指并拢伸直。

7）响指：无名指、小指屈，拇指与小指用力摩擦打响。

8）拳：四长指握拳，拇指第一关节扣在食指与中指的第二关节处。

9）舞蹈手型：应用拉丁、西班牙、芭蕾等手型。

（2）常用的上肢动作

1）屈：关节角度减小，如肘关节屈、肱二头肌收缩。

2）伸：关节角度增大，如肘关节伸、肱二头肌收缩。

3）上提：屈臂或直臂的由下举提至胸前或体侧、三角肌收缩。

4）下拉：屈臂或直臂的由上举或侧举拉至胸前或体侧。

5）摆动：以肩关节为轴，屈臂（直臂）在180°的同时或依次运动。

6）屈臂摆动：屈肘在体侧自然地摆动，可同时摆动或可一次摆动。

7）冲拳：屈臂握拳由腰间同时或依次冲至某位置。

8）推：手掌由肩侧同时或依次冲至某位置。

9）振：肩、胸、肘关节小幅度快速做振臂式的屈伸。

10）绕和绕环：以肩关节为轴，手臂180°至360°之间的运动为绕；大于360°以上的动作为绕环。

11）交叉：两臂重叠成X型。

5．躯干动作

在健美操练习中，躯干部位通常起到稳定身体的作用，因此肌肉力量的平衡尤为重要。发展躯干肌肉的方法有很多，可徒手、使用轻器械或固定器械。下面主要介绍发展躯干肌肉的基本动作和方法。

（1）头颈部

1）屈：头颈关节角度的弯曲，包括前屈、左屈、右屈。

2）转：头颈部绕身体的垂直轴的转动，包括左转、右转。

3）绕：头以颈部为轴心的弧形运动，包括左绕、右绕。

（2）胸部

1）含展胸：直臂或屈臂做内收动作，通常与手臂的外展结合进行。

2）左右移胸：两臂侧平举，胸部左右水平移动。

（3）肩部

1）提肩：肩胛骨做向上的运动。

2）沉肩：肩胛骨做向下的运动。

3）绕肩：以肩关节为轴做小于360°的运动。

4）肩绕环：以肩关节为轴做360°圆形动作。

（4）背部

1）背部肌肉主要有背阔肌、斜方肌、菱形肌和大圆小圆肌，当其收缩时，可使肩关节外展、下沉，使臂伸和在垂直方向内收。

2）外展：屈臂或直臂做外展动作，通常与臂的内收结合进行。

3）上举下拉：两臂由侧上举下拉至髋侧。

（5）腰腹部位

1）腰屈：髋部不动，上提前屈或后屈。

2）屈髋：上肢不动，髋向前或侧屈。

3）转腰：下肢不动，上体沿垂直轴的扭转。

## 第三节　健美操音乐的特点与作用

健美操从产生起便和音乐结下不解之缘，健美操是伴着音乐而运动的体育项目。随着音乐对健美操的渗透，普通的健美操由空间画面注入了音乐的想象，达到一种非物质、非现实和任凭想象自由驰骋的境界，它超越了一个或多个健美操动作的视觉轮廓。这种把听觉艺术与视觉感受完美结合的形式，极大地拓展了健美操的内涵和外延。

音乐是健美操的灵魂，它不但能够激发练习者的情绪，提高练习者的兴趣，而且能够发展练习者想象的能力和表现的能力，培养动作的节奏感和韵律感，促进身心全面发展。同时，它还有助于练习者合理掌握"力"的运用，以达到准确而轻松自如地完成各个动作的最终目的，音乐与健美操的联系是该项目的特点。在健美操教学训练和比赛中，音乐的伴奏自始至终，是健美操最重要的组成部分。在健美操竞赛中，成套的动作必须要有音乐的伴奏，要求乐曲和动作成为一个协调一致、和谐完美的整体，对在音乐伴奏中出现的错误会进行相应的扣分。这些规定都强调了音乐在健美操比赛中的重要作用，也进一步说明了音乐与健美操之间的密切关系。两者缺一不可，只有它们同时存在，这项运动才具有无穷的魅力。

音乐不仅能激发练习者的情绪，提高练习者的兴趣，而且还能发展练习者的想象力和表现力，培养其动作的韵律感和节奏感，促进其身心的全面发展。音乐还有助于练习者合理掌握力的运用，以达到准确、轻松自如地完成动作的目的。可见，音乐与健美操的有机联系是该项目的特征。

## 一、健美操音乐的主要特点

健美操音乐是为了配合健美操练习所选用的一种音乐，因此它要以健美操的动作为主要的依据进行选择。健美操的动作是一种对身体具有很好锻炼效果的练习，它拥有独特的动作节奏，具有一定的力度，并且动作的幅度有大有小，动作的速度有快有慢，动作的姿态优美而具有力量。因此，要使健美操充分发挥它应有的作用，不仅要注意动作的完成，还要选择与该动作相适应的音乐。健美操音乐的特点主要体现在以下方面：

（一）节拍乐段清晰分明

健美操音乐就像是在练习健美操时所发出的口令，是动作的节拍。在音乐中周期性地出现1拍、2拍或4~8拍这样的节拍，其中有一拍为强拍，其余节拍为弱或次强拍。强弱节拍在整个成套的动作中反复地出现，形成了有规律、强弱互换、富有感情色彩的旋律。

健美操的动作和音乐的节奏要十分吻合才能协调一致，不然反而使得健美操的动作和音乐的节奏合不上节拍，让人感觉健美操难以接受、不好掌握。所以，音乐的节奏清晰能让练习者很容易地辨别强弱节拍的互换，中间的规律也比较容易掌握，还能使动作的力度效果更好地表现出来，练习者在轻轻松松的环境下既锻炼了身体，又使得自己的心情变得舒畅。人们选择健美操就是因为它的音乐节奏鲜明、乐段分明、节拍清晰、容易掌握，让人在参与这项运动后达到了他们需要的锻炼效果。

（二）音乐旋律优美动听

音乐作用于人的听觉，音乐能使练习者产生一定的联想和想象，从而在头脑中形成一定的富有情感的意象，在情感上受到它的感染和陶冶。音乐对人的情感、情绪变化以及人体的运动等都有直接的影响，健美操之所以受到人们的热爱，除了练习本身的功效性、动作的时代性之外，另外一个很重要的因素就是现代的音乐给健美操带来了新的活力。练习者听到旋律优美的音乐或极其强劲的节奏之后，会产生情感上的联想，进而产生一种想去参与、想去活动、跃跃欲试的感觉。

健美操音乐不但能让练习者很好地、轻松地掌握动作的节奏和动作的节拍，而且还具有陶冶美的情操、提高对美的欣赏能力的作用。它的旋律应该是轻快、优美或者是浑厚、沉稳、热情、奔放的，而不应该是哀怨、消沉、伤感的。选用一些健康、活泼的音乐曲调，能够让人振奋精神，消除身心紧张和疲劳；能够提高练习的效果和欣赏的价值；更能够激发练习者的情绪，获得心理和生理上的平衡。人们在健美操运动中享受着生理、心理的双重愉悦，让人感觉到超凡脱俗的奇妙感觉。

（三）音乐曲调情感丰富

音乐能够对人的生理和心理产生许许多多的影响，不同的节拍、旋律、音调和音质，都能对人体起到兴奋、抑制、松弛、镇静、催眠等不同的作用。比如，快速、愉快的旋律可以加强肌肉的张力，振奋精神；音调柔和、节奏徐缓的乐曲可以产生镇静、安神的作用，使人呼吸平缓舒稳；优美的曲子能够使人感觉到轻松愉快。不同的曲调可以产生不同的情感反应，如E调安定、D调热烈、C调和顺、B调哀怨、A调抒情、G调浮躁、F调激荡等。音乐通过声波有规律的频率变化，作用于大脑皮质，并对丘脑下部、边缘系统产生效应，调节激素分泌、血液循环、胃肠蠕动、新陈代谢等，从而改变人的情绪体验和身体功能的状态。多听音乐能够陶冶性情、调整心境，日久可对人的情绪、态度、行为和性格产生良性影响，成为具有修养、适应能力强的人。

健美操音乐也具有这样的效果，不但能使人身心健康得到一定的调节和提高，并且在这样的音乐伴奏下参与健美操运动还能使练习者得到更好的锻炼。

（四）节奏韵律跳跃新颖

音乐对健美操起到非常重要的支配作用，音乐旋律的抑扬顿挫、速度的时快时慢这种具有一定跳跃性的节奏能够使健美操练习者练习起来更具感染力。一套健美操动作选配的音乐速度一般为每分钟144～180拍，这时就能形成一种节奏强烈、明快、跳跃的感觉，这种氛围对人有很大的吸引力，使健美操动作的韵律感、节奏感更加强烈地表现出来，感染的效果也随之加强。随着旋律的渐渐深入，音乐慢慢地将人带入意境，这时练习者就能开开心心地享受健美操所带来的美妙时刻；这种气氛还能够使旁观者深受感染，使他们也有一种跃跃欲试、情不自禁的感觉，自己也想来跳一跳。摇滚等现代风格的音乐具有上述的几个特点，很适合健美操练习者练习。

另外，还可以采用具有鲜明节奏的民族乐曲，使健美操这项运动更具魅力，吸取其他舞种或运动的长处来充实自己的内容，不断创新。健美操之所以受大家的欢迎，还有一点就是长期练习健美操的人会受项目启发逐渐具备创新的能力，在锻炼身体的同时既得到了愉快的心情，还培养了创新的能力。

## 二、音乐在健美操中的重要作用

音乐是健美操意境的一种重要表现形式，好的音乐能够强烈震撼人的心灵，将听众引入美妙的艺术境界。健美操中的音乐可以激发练习者的情感，情感是健美操与音乐内在的脉搏。

音乐是通过有组织、有规律的乐音来表达人们的思想感情以及反映社会现象的一门艺术。音乐能够对人们的神经和肌肉发生作用，主要靠节奏来起作用。人的听觉对声音，尤其是音乐、音响非常敏感，对节奏的反应非常强，其中的原因是人体和音乐都存在着有规律、有节奏的变化，频率差不多，音乐能对人体运动产生良好的影响。健美操音乐对运动着的人在情绪感染上有一种较为直接的影响，音乐在空间所具有的扩散力和穿透力能够对人的生理、心理产生一种强烈的刺激力和影响力。音乐最能反映人体运动美的内涵，人体技能伴随情感表达在特殊意境中得以升华，使人体的动与情、形与神、身与心相互交融产生共鸣。音乐这种特殊的表现和它的旋律运动能直接表达人们内心细致复杂的情感活动，根据这一审美特点，音乐结合健美操中的韵律必须有一种自然的魅力联系。单一的健美操运动就像无声电影中的一个个镜头，虽有动感但不完善。只有配上与之相适应的音乐，才能完全表达它的内涵存在。创编一套高质量健美操时，其动作必须随着音乐的启动而开始，随着音乐的转折而变化，随着音乐的进行而延续，这样才能给人以余音绕梁、形影难忘的感觉。可以说，健美操中的音乐具有其他项目所不可替代的功能。音乐在健美操中的作用主要体现在以下方面：

（一）激发情感，陶冶情操

情感是健美操内在的脉搏，音乐作为独立的艺术门类有其自身的特点和规律。健美操音乐多采用爵士乐、摇滚乐以及轻音乐等，其重拍强音在与轻拍弱音的对比中突出显现，其节拍的强弱、张弛交替给人的听觉以强烈的共鸣。因此，健美操音乐激发情感的功能比其他音乐更为强烈和生动。

健美操音乐是一种特殊的艺术和"激素"，利用不同风格的音乐，给人以不同的享受和美感。它可以使气氛活跃，让人们感到紧张而又松弛，虽累而不厌倦，虽流汗却感轻松。音乐就像指挥棒一样，指使练习者不停地处在兴奋、愉快的运动中，令音乐成为动作节奏和力度的号召。音乐能使练习者不由自主融入节奏之中，提高动作的协调性，使之富有美感。练习者从自身的形体、姿态中可以看到自己的收获，进而提高对美的欣赏和理解能力。音乐还可以使人们在欢快声中尽情表达自己的思想感情，产生丰富的情感联想，从而提高动作的表现力，培养高雅的情操、豁达的胸怀。

（二）激发灵感，提升技术

音乐使人产生联想，音乐节拍的轻重、音乐旋律的和谐柔美、音质的浑厚动听都会使人大脑皮质兴奋灶与兴奋灶之间产生多种形象的联系，激发人的想象力、创造力和创造灵感，把音乐艺术的"声"引入健美操的"形"中，进而更好地创造出与音乐相融合的健美操动作，使其在最大程度上表现音乐的内涵。

选择适宜的音乐进行健美操练习，可以加速学习过程、增强练习效果。在音乐的伴奏下，练习者不仅易于更好地掌握动作和表现动作，而且还能够建立动作的正确概念，激发丰富的想象力和动作的表现力。音乐能够帮助练习者合理掌握力的运用，体会到动作的正确感觉，更快更好地记住动作，掌握好动作要领，增强对健美操的理解和记忆，使动作更加优美、协调、准确。

（三）调节练习者身心健康

运动与音乐配合可以提高神经系统的兴奋性，减缓疲劳，提高锻炼效果；同时还可以改变练习者的心境，减少锻炼时的单调感和枯燥感，改善自我调节能力，轻松地完成各个不同的动作，达到增加力量和增强心肺功能的效果。柔美动听的音乐与自由舒展、缓慢柔和的运动结合起来；浑厚、强劲的音乐则与紧张、激烈等事物或运动结合起来。在音乐的作用下，练习者的呼吸、血压、心跳以及肾上腺皮质激素和肾上腺素的分泌都会有相应的变化，伴着节奏欢快的乐曲进行健美操运动，仿佛将一种情绪冲动用一种节奏编织起来，产生一种向往和追求完美的心理趋势，从而调动了人的力量和体力。

此外，音乐对人的神经系统的兴奋状态和脑电、肌电等都会有影响。在练习健美操时，有音乐伴奏和无音乐伴奏对练习者的身体影响是有显著差别的。所以，健美操是一项能纾解烦闷心理、排除精神紧张的美妙的运动。

## 第四节　健美操音乐的选择和应用

健美操的音乐应符合健美操的特点，节奏鲜明、热烈，具有蓬勃的精神。要根据创编的目标选择音乐的风格，突出个性，对练习者起到带动作用。应根据成套动作的结构或具体要求确定音乐的长短、起伏，或根据音乐的长短、起伏来确定成套动作的结构与动作。

在使用已出版的音乐作品时，往往要根据需要进行剪辑。我们应尊重音乐原有的完整性，当我们决定取舍音乐的某一部分时，不能破坏音乐的基本结构形式。如果需要破坏乐段，音乐前后的连接要自然、完整。

### 一、健美操音乐的选择

（一）健美操音乐的选择原则

音乐是健美操的灵魂，选择音乐时要遵循一定的原则。音乐是健美操不可分割的部分，它不但是培养节奏感、表现力和美感的重要因素，而且能激发练习者的情绪，减少疲劳或推迟疲劳的出现，可以说音乐是健美操的灵魂。节奏明快、刚健有力的健美操音乐，给人振奋和激情，使人们情不自禁地加入健美操锻炼行列中。当观众把所视之景与所听之律叠在一起并与自身的情感相融时，则会感受到极大的心理满足，同时也陶冶了人们的情操。因此，健美操中的音乐不容忽视，在选择音乐时要遵循一定的原则。

第一，动作要与音乐的风格相一致。健美操动作的编排取决于音乐风格，音乐主题思想所表现的风格就是我们编排动作的风格。在选择健美操音乐时，要选择热情、奔放、积极向上、具有时代感的音乐，让观众直接感受到创编者的意图和表演者的表现，能直接起到交流、沟通、互动的作用。成套操的主题风格应清晰、感知性强，避免在一套操中出现两首风格不同的音乐，如爵士乐突然变换成民族音乐，其音乐情景截然不同，会使人感到不协调，所以说保持乐曲的完整性很重要。

第二，保持音乐节奏与动作节奏的协调性。健美操节奏的编排一定要以音乐的节奏为依据，并使两者有机结合融为一体，展现健美操运动所独有的动感风格，进而突出体现健美操项目的节奏美这一美学特征。例如，一套节奏轻快、刚劲有力以现代舞为基调的健美操，应选择节奏比较强烈、狂放直率的音乐；而一套节奏稍慢、动作优美以舞蹈为主基调的健美操，应选择优美动听、速度适中的音乐；技巧变化较多、难度较大的健美操，应选择节奏分明、速度稍慢的音乐。只有动作的节奏和音乐的节奏配合一致，才会产生共振的效果，给人以和谐统一的感觉；否则，健美操就失去了其独特的艺术感染力。

第三，音乐的速度设定要适宜。健美操音乐速度的设定要依据音乐主题和创编者的意愿来决定。在选择音乐时，要符合动作组合的性质和特点，音乐的节奏与动作的节奏要相互兼容。健美操音乐一般采用 4/4 拍和 2/4 拍的节奏明快、力度感强的乐曲，因为这种节拍的特点是强弱拍交替出现，律动感比较强，是健美操音乐的首选，同时运动员在表演中也容易掌握。在速度方面，竞技性健美操要求音乐速度为 10 秒 26 拍以上，而在学校的教学中，健身性健美操为 10 秒 22～26 拍为宜。音乐速度的快慢将直接影响到表演者动作速度的快与慢。相比之下，快节奏的音乐更容易提高一套动作的灵活性，同时也更易于引起观众的共鸣。所以音乐的控制应在一个合理的范围之内，并不是越快就越好，关键是适合运动员的动作能力。速度太快，表演者的动作容易变形，幅度就会受影响，那么在表演时动作的完成质量就会受限制，给人的视觉印象就会大打折扣了。

第四，保持音乐结构与动作布局的统一性。健美操的动作可分为趣味性动作、连接性动作、难度动作三种形式。这三种动作通常被均匀地安排在整套健美操的各个部分，而且必须要有相互协调的音乐与之配合，才能吸引观众和练习者，给人留下全新的印象和深刻的体验。例如，起始部分的造型动作一般选用的是体现动作主题的音乐，快速高潮部分的复杂动作一般选用的是欢快强劲的音乐，体现风格的特色动作选用的是与之协调的音乐，回味无穷的结束动作则必须与有终止符号的音乐相匹配。在音乐旋律中音效的添加要与动作的编排相结合，做到协调统一，这样才能烘托效果，打动观众，给人留下深刻的印象。

第五，保持音乐选择与练习者个人特点、乐感的融合性。竞技性健美操音乐要符合运动员的特点和音乐感悟。每位运动员的身体条件、性格、表现力以及音乐的天赋各不相同，在音乐的选择上也要有所区别。应以充分发挥个人特长为原则，选择适合个人特点、表现力的音乐。例如，个性开朗、体态健美、富有表现力的运动员，可以选择节奏比较快并富有感情色彩的乐曲。

第六，保持音乐与竞赛规则、传统的配合性。音乐表达应与竞赛规则相一致。竞赛规则规定：大众健美操的音乐必须在2分30秒至3分钟，音乐速度必须在2.2～2.6拍/秒；竞技性健美操的音乐必须在1分30秒左右，音乐速度必须在2.4～2.7拍/秒。音乐主题则要求是积极上进和健康的，成套音乐的风格与运动员成套动作的风格相配合。

（二）健美操音乐的选择要素

1. 音乐主题

音乐主题是指在乐曲中具有明显特征并处于显著地位的旋律，是乐曲的核心，是音乐结构与音乐发展的基本要素。一个音乐主题即为一个音乐形象，有些乐曲中可能含有若干个相互对比的主题。声音艺术的突出特点是瞬息即逝，为了给人们留下深刻印象，音乐主题往往采用重复、发展、变奏、再现等手段来进行音乐形象的塑造。健美操的动作变化与情绪发展是受音乐主题的影响和制约的，只有很好地把握其变化旋律，编排出符合音乐形象的健美操组合动作，通过人们的肢体来完成对音乐形象的创作，才能达到音乐所要渲染的效果，才能展示出健美操的魅力。实践中，应聆听、理解与分析音乐，并在此基础上进行编辑与创作，使健美操和音乐艺术达到和谐、完善的境地。

（1）民族音乐。民族音乐具有浓烈的地方特色和民族风格，丰富的调式色彩和音乐色彩，同时具有强烈的时代气息。民族音乐形象多样化，舞蹈性强，节奏鲜明、热情、刚健、明快，旋律亲切、优美、抒情。

（2）爵士乐。爵士乐旋律由连续不断的切分节奏组成，即兴性强，具有强有力的打击乐，节奏变化多，音色鲜明而强烈，和声丰富，表现喜乐氛围。

（3）迪斯科。迪斯科在旋律上继承了爵士乐的切分节奏，更强调打击乐，节奏感强，表现出一种旺盛的精力。

（4）摇滚乐。摇滚乐继承了爵士乐演奏的即兴性，有快有慢，以一种节奏模式反复出现且带有一种摇摆的感觉，属于激情音乐。摇滚乐表现形式有重金属及其相对的柔摇滚、混合型的乡村摇滚、流行摇滚等。

（5）轻音乐。轻音乐是轻松愉快、生动活泼并又浅而易懂的音乐，往往不表现重大的主题思想，只是轻松活泼的舞曲，如电影音乐、戏剧配乐、通俗歌曲、流行歌曲、舞蹈音乐和民间曲调等。

（6）英文歌曲。英文歌曲有强烈的节奏感和震撼感，打击乐明显，音乐速度通常较快，表现出强烈的时代特征和青春气息。

（7）世界名曲。世界名曲的曲调经典，能跨越时空、种族和语言的界限，也能超越人格、思想和阶层的鸿沟。世界名曲的音乐哲理性超越了音乐本身的意义，它旋律优美、形象鲜明、感染力强、表现形式多样。

在健美操创编时要以音乐为主线，根据音乐主题来编排动作，使运动员的动作、情绪、表现力等密切配合音乐的主题思想。通过音乐的重复、展开、再现等发展变化，使音乐主题在成套动作中先后两次出现，造成音乐情感的表达一次比一次更为强烈。运动员在表现音乐主题的过程中所展示的动作与音乐形象完美融合，达到浑然一体的最佳状态。

2. 乐曲高潮

乐曲高潮是音乐作品感情表达的最高点，它是通过调动各种音乐要素来实现的。在健美操中，音乐的高潮为健美操强度的安排提供了参考条件。一般在音乐高潮部分安排高、新难度技术动作，使音乐气氛烘托动作难度，达到健美操运动的高潮。在编排、设计健美操的过程中，合理运用乐曲的高潮部分是健美操运动员必须把握的重点。

3. 过渡与衔接

音乐绝大部分是按乐句、乐段前后对称的。但是在一些乐曲中，段落之间会有一些衔接或是过渡部分，这些过渡一般也是对称的。在进行编操过程中应反复聆听音乐，思考音乐给我们的启示。特别要处理好这种衔接，不能给人有动作脱节的感觉。在大众健美操中，衔接部分一般做些相应的动作调整；而在竞技性健美操中则应根据音乐进行承上启下的安排，使整套动作流畅。

（三）选择健美操音乐时的注意事项

要充分体现健美操音乐的特点和发挥音乐的功能，根据不同种类的健美操选配与其相适应的音乐是非常关键的。所以，在选择健美操音乐时应注意以下三个问题：

第一，音乐与健美操风格的融合性。健美操是"健、力、美"的统一体，强调美与力的结合，所以健美操音乐旋律要强劲、动听，力求新颖，富有变化，节奏鲜明。根据不同种类的健美操应选择不同特点的音乐。

第二，音乐与动作风格的谐和性。健美操动作的速度、方向、幅度等方面变化较多，因此在选择音乐时要根据不同的动作选择不同节奏的音乐伴奏。例如，身体各部位的动作练习可选用中速不太快的4/4拍的音乐；跑跳动作可选用快速、节奏鲜明的音乐；伸展柔和的放松动作可选用3/4拍的抒情性音乐。应力求动作风格与音乐的谐和性。

第三，音乐与编排的目的、任务、规则和人的自身条件的相符性。在选配音乐时应想到健美操的目的、任务是为了健身、比赛或表演，不同的目的和任务的健美操对其选配的音乐有不同的要求和规则。另外，音乐的节奏和速度确定应符合运动员的条件，如年龄、运动水平、体能等，这样才有利于人们完成动作，达到好的锻炼效果。

（四）健美操音乐的剪辑与修改

在选用健美操音乐时，首先要感受和体会音乐的激情、节奏的变化、旋律的起伏、段落的反复是否符合自己的创作意图，能否充分施展技巧的难度，能否满足表现欲的释放等，只有处理好音乐和动作之间的衔接，才能把握、协调好健美操与音乐在艺术表现上的风格和神韵的统一。

1. 健美操音乐的剪辑

就音乐本身而言，它蕴含着一种情感、一种生命力，要把这一切在动作中充分表现出来，就必须要对所采用的音乐有一定的理解，这样才能使动作与音乐统一。在选好音乐后的剪辑过程中，我们一定要注意音乐的完整性及两个不同主题音乐的同一性，还有两段音乐衔接时的调式问题。

（1）音乐素材的选定。音乐素材的选定可以通过两种方法来进行：一种是根据现有的音乐来确定动作的编排，即根据曲子的结构和内涵来制定动作的编排；另一种是预先安排动作的结构，然后再来寻找适合的音乐。

（2）音乐的剪辑。对于同一首曲子的剪辑，应根据创编者的意图，要想让音乐与动作完美结合，就需要对音乐进行剪辑。首先确定乐曲的特点、内涵、所表达的目的，再根据节拍和高潮的起伏创编一整套动作。将整套动作分成两到三个部分，按每一部分所表达的情节内容编排好节拍动作，根据动作造型、动作难度、组合变化队形、穿插过渡动作来确定音乐的长度，然后再根据需要对音乐进行剪辑。在剪辑过程中要注意两点：一是不能破坏乐句的完整性，要遵循8拍的原则；二是衔接要自然，避免露出衔接的痕迹，以保持乐曲的通畅和顺达。对于不同音乐主题的剪辑，应依据创编者的构想，在整套操变换主题意图时，往往需要用不同的音乐来表达，因此就需要对不同音乐进行剪辑，使其具有完整性和统一性。在剪辑过程中要注意两点：一是节奏不同的过渡，在两首不同节奏的音乐对接时可以用多种手段来处理，有用打击乐的鼓点来对接的，也有用休止一小节来过渡的，这些手段有时能起到意想不到的效果，总之过渡要自然流畅；二是同音高、同调式的对接比较好完成，不同音高、不同调式的两首曲子就很难处理了，可以尝试用打击乐的鼓点来过渡，或者用作曲软件的变调功能对音乐进行变调处理。

总之，不论怎么处理都不能失去音乐的完整性和统一性，同时要保证音乐高潮的审美性。音乐的高潮一般也是主旋律再现的环节，剪辑时要注意让主旋律在乐曲中反复出现，给人们留下深刻而美好的印象。音乐与动作的完美和谐的统一是创编者的最终目的。

2. 健美操音乐的修改

健美操乐曲的开头可由提示音或2个8拍以内的前奏音乐开始，力求新颖、独特。为了与后面的快节奏形成对比，产生较强的视觉冲击力和听觉冲击力，通常可以先选择一段抒情的慢板音乐，但这段音乐不能太长，一般在2个8拍左右。一套动作的编排要根据音乐的节奏、速度、力度、情绪的变化而变化，因此音乐编辑时要注意五个因素：风格、音乐、节奏、节拍和过渡。

音乐的剪辑工作是一项耐心细致的工作，剪辑时必须头脑清晰，认真细致地进行每一步骤的操作，并详细记录有关的鼓点和节拍数。剪辑乐曲时，应在成套动作与音乐的反复配合中多进行实践练习，直至完成整个剪辑工作。

## 二、健美操音乐的应用

聆听音乐是培养音乐修养的初级阶段，由耳、脑、神经的传导系统来完成这一过程。聆听可以通过人们自身对音乐的喜好来建立对音乐的初步了解，并掌握音乐的旋律、音响效果、丰富的节奏等特性。在聆听的基础上，应反复比较不同风格与形式的音乐，有目的地确立所需要的音乐内容。在聆听的同时，要随时捕捉由音乐带来的灵感，激发创编的欲望和激情，不断筛选脑海中涌现出的动作素材，进而完成整套动作的设计工作。

在拓宽了音乐知识，并了解了众多音乐给我们带来听觉上的享受和内心的共鸣之后，我们对音乐作品的含义应有更深层的理解。在理解音乐的过程中，要真切感悟音乐带来了什么，如内心的情感和事物的本质特征等；通过音乐的旋律起伏、和声的变化、高潮的迭起进行联想，用自身的体验去感受音乐内在的情感变化；从音乐的结构、高潮、风格、乐思及音乐的发展与过渡等进行整体构思与分析，通过对这些因素进行分析，才能对健美操动作的结构、段落、运动强度和成套动作的风格做出明智的选择，最后确定恰当的表达方式和手段。

近年来，健美操音乐随着该项目的快速发展已经进入了一个新时期，无论是竞技性健美操还是健身性大众健美操，在音乐的应用方面都有了一个较大的突破。一般来说，编辑音乐最简便的方法就是把选好的成品音乐稍加剪接，也可以选择一个成型音乐，在此基础上用电脑进行重新制作；或是确定一个主题进行谱曲创作，并配上动效音（为加强动作的力度或表现某种效果而特别加上的重音、装饰音）以突出动作的核心部分，同时动效音也起着点缀作用。目前全国和省际竞技性健美操、大众健美操比赛的很多参赛队在音乐方面都经过精心策划、巧妙构思，许多音乐都是针对健美操的项目特点来进行编辑和创作的，从旋律到音乐结构、从开始到结束都相互呼应、一气呵成，极具艺术性和实用性。也就是说，现在的健美操音乐已经做到了题材新、创意新、制作新、手段新。

# 第三章 健美操教学的创新发展

## 第一节 健美操教学的理论依据

### 一、健美操教学的要素与特点

（一）健美操教学的系统要素

教学要素是构成教学系统既相互独立又相互联系的基本成分。健美操教学活动作为一个系统，包括的要素有：学生、教师、教学目标、教学内容、教学方法、教学环境和教学反馈。

（1）学生。健美操教学活动是以学生为教学对象，是为学生组织的。

（2）教师。在健美操教学中，教师起主导作用，是教师指导学生进行学习。教师是教学系统中起关键性作用的要素。教师是实现健美操教学目标的具体操作者，是整个健美操教学活动的组织者和学生学习的引导者。

（3）教学目标。组织任何教学活动都是为了达到一定的目标，健美操教学也是如此，教学目标同样是健美操教学活动中的一个元素。

（4）教学内容。教学内容是教学的物质条件，是教学信息的载体，是教师所要教的，学生所要学的对象。教师和学生如果没有特定的教学内容作为中介和对象，他们就不可能相互发生联系和作用。

（5）教学方法。在教学中，为使学生有效地掌握健美操的理论知识、技术、技能，实现其教学目标，必须要依靠一系列的教学方法。

（6）教学环境。健美操教学活动必须在一定的时空条件下进行，这一特定的时空条件就是教学环境。这些条件包括物质的和精神的、可控制的和不可控制的，它主要指场馆教室的设备是否齐全、合理及整洁；师生之间、同学之间的人际关系；课堂气氛，等等。

（7）教学反馈。教学是在教师与学生之间进行信息传递的交互活动，这种信息交流的情况进行得如何，要靠反馈来表现。

## （二）健美操教学的主要特点

第一，教学内容丰富，信息来源广泛，练习的可变性强。健美操教学内容既有徒手练习，也有手持轻器械及借助于固定器械的练习，其教学内容非常丰富。在健美操教学中，既有来自动作本身的大量信息，同时也有来自相关学科等方面的信息，教学中可接收的信息量大。

第二，在反复的练习中健康体魄，培养正确的姿态。健美操教学不仅使学生掌握健美操的专门知识、技能和技巧，同时还借助于各种练习方法、锻炼原理、运动负荷达到健康体魄的目的。

第三，健美操教学中，运动负荷的合理安排有明显的健身功效。健美操教学中，身体练习的负荷主要采用中低强度，其运动强度在有效的健身强度以内，是一项有氧运动。有氧运动对于提高有机体的耐久力，以及对改善和提高心脑血管系统和呼吸系统的功能具有显著的效果。

第四，创造性的思维活动与实践活动紧密结合。启发学生的创造性思维是健美操教学的又一特点。健美操之所以有较强的生命力，源于其不断创新。在健美操教学实践中，教师一方面将基本动作和技术交给学生。另一方面，在反复的练习中，教师又需引导学生不断建立新的神经联系，形成新的动作、新的组合、新的成套练习，使学生在反复的实践活动中掌握创编的原理及方法，学会创造性的思维方式。

第五，健美操教学具有相应的美育目标。在健美操教学中，除健美操自身的动作具有强烈的审美效果外，其发展身体、增进健康的特殊功效具有巨大的美学价值。

第六，音乐与健美操有机结合。音乐在健美操教学中起着相当重要的作用，将它们的巧妙结合运用到课堂教学中，通过其规律的变化和节奏节拍的运用，不仅能激励和鼓舞学生的情绪，提高健美操教学的质量，并能对学生在运动后生理、心理的恢复起积极作用。

## 二、健美操教学的任务与要求

### （一）健美操教学的主要任务

健美操教学任务是指在健美操教学中为种健美操教学目的所提出的不同层次的要求。

第一，向学生进行思想品德教育。培养学生勇敢顽强和富于创新的精神，培养团结合作和朝气蓬勃的体育道德作风；乐观向上，积极进取，发展个性；提高对健美操的认识，养成经常参加健美操锻炼的兴趣和习惯。

第二，掌握与运用知识、技术，发展技能。健美操教学是教师有计划地传授和学生循序掌握健美操知识、技术与技能，并能将这些知识加以运用。健美操教学，不仅要使学生掌握健美操的基本知识、基本技术和基本技能，还要把与健美操相关的知识引入教学中；使学生学会发现，学会创造，学会运用。

第三，进行审美教育。审美教育，是指受教育者形成科学的审美观念，较强的审美感和创造美的能力的教育过程，应充分利用这一有利条件，培养学生正确的审美观念、健康的审美情趣和较强的审美能力。通过审美教育，不仅可以提高学生的审美修养、促进身心健康发展，而且能反过来使学生以审美的情趣和审美观念指导健美操的学习。

第四，培养能力。健美操教学同样制定了能力培养目标，即便把传授健美操的理论知识、运动技术、技能与发展学生的能力结合起来，使他们在学习中、锻炼中、竞争中发掘自己的潜能。健美操教学应着重培养的能力：①获取健美操知识与运用知识的能力；②健美操教学与指导能力；③健美操创新与创编能力；④制订健美操锻炼计划能力；⑤组织健美操竞赛的管理能力；⑥健美操科研能力；⑦自我评价和相互评价的能力；⑧制订健美操教学文件的能力。

### （二）健美操教学的核心要求

健美操教学是教师按照教学计划的要求，向学生传授健美操的知识、技术、技能及发展他们的身体，并对其进行思想教育的过程。在教学中除必须遵守各项体育教学原则和正确运用教法外，根据健美操项目的特点，还应做到以下要求：

第一，由于健美操动作类型丰富多样，教师在教学中必须根据学生具体情况（年龄、性别、素质、技术等），恰当合理地选择教材和教学方法，因材施教。教材内容一般由易到难；动作速度由慢到快，陆续学习单个动作，再进行组合练习；较复杂动作先分解教学，再完整练习。

第二，教师在教学中应重视自身变化和主导作用的发挥，这对学生获得健美操的直观感受有着重要作用。例如，教师饱满的精神面貌、整洁合体的运动服装、优美的动作示范、简练生动的要领讲解、准确清楚的拍节口令、及时的动作提示与错误纠正等，对激发学生的学习兴趣、促进其对健美操的喜爱及顺利完成教学任务等都起着极为重要的作用。

第三，教师应重视学生表现力的训练。表现力是通过面部表情和身体动作两方面表现来完成的，纯朴、自然、真实、富有激情的表现力，能给人以美的享受，会起到感染人、激励人的作用。

第四，教师应重视学生基本姿态的训练，正确的身体姿态是变现健美操"健、力、美"的关键。在健美操的教学中，应严格训练身体各部位的基本姿态，使其符合健美操的要求。正确的动作姿态训练一般经过两个阶段。第一阶段，建立正确的动作姿态，使其形成动力定型。通过持之以恒地引用正确意念来控制动作的训练过程，形成正确的动力定型。例如，通过正确的脚背勾绷和上、下肢的屈伸等动作，建立正确的本体感觉。第二阶段，在通过健美操训练来塑造健美形体的同时，还要美化充实心灵，要求训练时寓情感于动作姿态之中，使其具有感染力、训练内容可借鉴交际舞、拉丁舞、时装表演等生活中富有感情的动作。

第五，教师应重视学生身体素质的训练。良好的身体素质是顺利完成健美操各类动作技术的基础，在全面提高身体素质的同时，应着重健美操的专项素质训练，尤其是上、下肢和躯干的力量，肩、躯干、腿的柔韧性，弹跳力及动作的灵敏性等。

第六，在健美操教学中，在掌握若干个单个动作的基础上，应重视并及时进行组合动作的教学。健美操各类组合练习可以培养学生的协调性、韵律感、表现力，是巩固和提高所学各类动作技术的有效手段。

第七，教师应重视节奏感的训练。健美操是在音乐伴奏下进行的身体练习，节奏感好，可以保证动作的协调、省力、效果好。

## 第二节　健美操教学规律与原则

### 一、健美操教学的规律

体育教学的规律是指体育过程内部各种教学现象所存在的本质的联系，这种联系决定着体育教学过程的必然表现和发展趋势。健美操教学是体育教学的重要组成部分之一，体育教学所要遵循的规律，同样是健美操教学所要遵循的规律。

（一）认识规律

健美操教学作为一种认识活动，是依照学生对周围世界认识的一般规律进行的，它是从不知到知，从知道得不确切、不完全到确切、较完整的过程。

健美操教学的认识规律具体体现在健美操教学过程中，以及感知教材，理解教材，巩固知识、技术、技能和加以运用等几个阶段。感知教材既是学生对所学知识建立正确表象的过程，也是诱发学生学习主动性，启发学生独立思考，发展学生思维能力的基础。学生在感知的基础上，经过思维形成概念，认识事物的本质特征，进一步理解教材。

（二）人体生理机能活动能力变化规律

人体生理机能活动能力变化规律是指在进行身体练习过程中，人体生理机能活动及工作能力变化的必然趋势。由于健美操教学实践性强，其过程是人的有机体直接参与活动，这个过程的安排必须遵循人体生理机能活动能力变化规律。

健美操教学的人体生理机能活动能力变化规律表现为人体在从安静状态到进行身体活动时，各个器官系统的机能总是逐步上升，这个阶段称为上升阶段；然后达到并在一定时间内保持较高水平，这个阶段称为稳定阶段；由于疲劳的产生，能力逐渐下降，经过休息调整，机能能力又逐渐恢复到相对安静水平，这个阶段称为下降和恢复阶段。工作力呈现一个"上升—稳定—下降"重复的规律。

（三）动作技能形成规律

动作技能形成规律是指动作技能形成的必然过程，动作技能是指按一定的技术要求完成的动作。动作技能形成的过程本质上是建立条件反射的过程，一般会出现三个阶段：粗略地掌握动作阶段（泛化阶段）、改进提高动作阶段（分化阶段)、动作运用自如阶段(巩固和自动化阶段)。这三个阶段是相对而言的,也是相互联系的。

在健美操教学中,由于学生的身体状况、体育基础、心理特点、教材性质及其他有关条件的不同,这几个阶段的特点和所需时间也必然不同,需要从实际出发,灵活运用。

粗略掌握动作阶段的特点是:大脑皮层兴奋过程扩散,处于泛化阶段,内抑制较差,表现为动作费劲、紧张、不协调、缺乏控制力,常有错误及多余动作。通过采用慢动作及分解动作的方法,使学生正确地感知动作,建立正确的肌肉感觉,初步掌握动作。

改进提高动作阶段的特点是:大脑皮层兴奋与抑制过程处于分化阶段,兴奋相对集中,内抑制逐步发展巩固,并初步建立动力定型,能较精确地分析与完成动作,逐步消除动作的紧张和多余动作,动作开始趋向准确、协调和轻快,但还不够熟练,还不能应用自如。通过确立动作的改进目标,采用正误对比及反复练习等方法,使学生加深理解动作各部分间的内在联系,进一步消除紧张、多余与错误动作;同时将看、想、练、听紧密结合起来使动作更趋于连贯、协调和优美,进一步掌握动作细节,提高动作质量,初步形成动力定型。

动作巩固与运用自如阶段的特点是:大脑皮层的兴奋过程高度集中,内抑制相当牢固,接通机制稳定,形成牢固的动力定型。表现为动作自如,既能在各种变化的条件下,准确、熟练、省力、轻轻地完成动作,又能灵活自如地运用。继续通过反复练习,尤其是应反复进行变换练习,使学生身体机能水平和运动机能不断提高;通过采用检查法、比赛法、评比等方法,使已形成的动力型进一步得到巩固,不断提高动作的自动化程度。

(四)人体机能适应性规律

人体机能适应性变化规律是指体育活动过程中,人体机能对运动负荷适应性变化的必然趋势。适应过程可分为工作阶段、相对恢复阶段、超量恢复阶段、复原阶段。在反复进行体育活动时,人体承受运动负荷的刺激,各组织器官机能随之发生剧烈变化,体内储备的能源不断被释放以供机体活动的需要,能量的消耗使机体能力逐渐下降,引起疲劳,这一时期称为工作阶段。经过休息和补充营养物质,体内能源物质和身体机能逐渐恢复到接近或达到工作前水平,形成机体的相对恢复阶段。

再经合理休息后,物质能量的储备和身体机能可恢复并超过原来的水平,从而提高了机体的工作能力,这就是超量恢复阶段。但如果一次健美操运动后与下次运动的间隔时间过长,超过超量恢复阶段的有效期,机体工作能力就会降低,恢复到工作前的原有水平,这时称之为复原阶段。在健美操教学和训练中,每次课应安排在上次课后的超量恢复阶段及已达到的机能水平基础上进行,使身体在原有水平上继续适应新的负荷刺激,不断提高身体机能水平。

## 二、健美操教学的原则

健美操教学中,应贯彻的原则有:主导性与主体性原则、整体性原则、直观思维相结合原则、循序渐进原则、巩固提高原则。

（一）主导性与主体性原则

健美操教学过程是教师与学生相结合的双边活动,缺一不可。

教师要精通业务、不断创新,努力提高自身的政治素质和职业道德,做到既教书又育人。教师要通过各种措施使学生对健美操教学中已提出的任务形成思考的态度和稳定的兴趣,使他们理解从事健美操运动的真正含义,理解健美操在完善身体和充分发展个性方面的作用和意义。教师在调动学生主动性时,不仅要了解健美操教学的规律性,还要看到人的认识过程的规律性。教师要努力在教学对象与教学内容之间寻找最佳结合点,使教学内容、方法和要求应符合学生的实际,既不过难过高,又不过易过低,以激发学生的自觉积极性。启发学生积极思考,钻研学习内容,精益求精地掌握技术技能。通过让学生组织教学、创编健美操动作及组织比赛等活动,培养独立学习、锻炼的能力。

（二）整体性原则

在健美操教学中,教师应使学生了解和掌握健美操的理论体系,学会实践的技能和方法,使相关知识与本学科知识交叉渗透,优化教学组合,形成健美操立体的、完整的知识结构体系,真正掌握健美操的知识、技术和技能,达到整体性教学效应;同时还要加强各种能力的培养,重视思想素质、科学文化素质、心理素质、审美素质等综合素质的全面提高。

教师要注意自身综合素质的提高,掌握现代教学的规律,及时了解本学科的最新发展,并将最新研究成果充实到教学中去;要不断扩展视野,吸收新知识,使广博的知识与专业知识结合起来,努力提高健美操教学水平。在健美操教学中,要始终贯穿综合素质教育的内容，特别是要加强学生审美素质教育。健美操是融音乐、舞蹈、造型、服装等为一体，通过人体的肢体动作来表现艺术美的运动项目。

（三）直观与思维相结合的原则

在健美操教学中，教师要尽量使学生利用多种感官和已有经验，通过多种形式的感知，丰富感性认识，获得生动的表象，并与积极的思维结合起来，从而掌握健美操的知识、技术和技能，发展观察和思维能力。

教师在运用直观教学手段时，要按照教学任务、教学特点和学生的具体情况，有区别有目的地加以运用。直观教学要与启发学生思维相结合，在健美操教学中，通过直观的演示、生动的讲解，指导学生进行观察，并引导他们对直观教材进行比较、分析、综合、概括等思维活动，使学生掌握健美操的本质和规律。直观要与练习相结合，学生在接受了直观教学信息后，必须要经过反复的身体练习。通过身体练习，使肌肉的本体感觉感知动作要领、用力方法、动作节奏等更加清晰，从而建立起技术动作正确的表象和概念。

（四）循序渐进原则

在健美操教学中，教师的教学内容、教学方法和运动负荷的安排等，都应符合系统性和连贯性的要求，符合学生的身心特征，由浅入深、由小到大、由简到繁，逐步提高和发展。

教师在安排健美操教材内容时，应由单个动作、组合动作到成套动作。教师在安排每节课和每个学期的教材内容和教法时，都应先后衔接，逐步提高。教师要有节奏地逐步提高运动负荷，运动负荷由小到大逐步提高，是贯彻此原则的重要体现。

（五）巩固与提高原则

在健美操教学中，要想使学生牢固地掌握健美操知识、技术和技能，并能在实践中熟练地应用，必须使动作和技能在大脑皮层建立动力定型，并且要不断地强化与提高。

每个动作必须有足够的练习时间，使正确技术在练习中得到多次重复，从而在大脑皮层中建立牢固的动力定型。健美操动作在实际应用中不是一成不变的，要使运动技能在千变万化的组合成套动作中稳定地表现出来，就必须在练习中变换方式，通过改变动作的开始、结束姿势，改变动作速度、节奏和连接技术，使已获得的运动技能适应各个条件的变化，逐步达到运用自如。组织学生的复习，在掌握了单个动作、组合动作、成套动作之后，还应反复练习，这种反复的练习并不是简单、机械的重复，而是要在原有的基础上逐步加大练习的难度，提高练习的要求。通过考核、表演或教学比赛等形式，促使学生对已学过的健美操动作进行系统复习，提高熟练性。在课堂教学的基础上，布置课外作业，使课外练习成为课的延续，这是巩固知识、技能的一个重要环节。

## 第三节 健美操教学的方法创新

### 一、教授法

#### （一）讲解法

讲解法是教师运用语言向学生说明教学目的、任务、动作名称、作用、要领及要求等，以指导学生掌握基本知识、技术、技能并进行练习的方法。

教师在讲解时要有目的性，讲什么、怎么讲、讲多少，都应围绕教学任务、内容、要求以及学生在技术上存在的问题等情况进行有针对性的讲解。教师讲解的内容应做到简明扼要，通俗易懂，突出重点、难点和关键，力求少而精，要熟练运用健美操专业和体育专业术语。同时，教师语言的表达应富有艺术性和感染力，应有利于提高学习兴趣和激发学生的学习积极性。

教学时机是指教师在进行教学过程中，根据学生自身的年龄特征及教学目标，选择能产生最大教学效益的时间。教师应根据教学过程的实际情况和具体特点，善于抓住讲解时机，采用不同的讲解方法，提高讲解效果。例如，健美操动作技术的讲解可以在示范后进行，也可以边做边讲。宣布课的教学任务时，应在课的开始部分语言简练、果断有力地讲解。在学生进行练习时，对于个别学生出现的问题进行单独的讲解。教师讲解时要善于启迪学生的思维，可适当采取设问激疑方式启发学生积极思考，使学生听、看、想、练有机结合起来，取得良好的讲解效果。

#### （二）示范法

示范法是使学生了解所要学习的动作形象、结构、要领和方法，用以学习和指导学生进行练习的方法。

1. 示范法的类型划分

示范法分为完整示范法和分解示范法。

（1）完整示范法。完整示范法是从动作的开始到结束，不分部分和段落，完整地进行示范的方法，完整示范法能使学生建立完整的动作概念。在这些情况下可运用完整示范法进行示范：①对于学习结构简单或相对复杂的动作，可采用完整示范法进行教学；②教学对象有一定的健美操基础。

（2）分解示范法。分解示范法是把结构比较复杂的动作或组合按身体环节合理地分解成几个局部动作分别进行教学，最后达到全部掌握动作的方法。分解示范法便于学生了解动作细节，从而更加准确、完整地掌握动作。分解示范法的运用情况：①对于协调性要求较高，结构、方向和路线较为复杂的动作，可按身体的部分分解为上肢分解和下肢分解，先学下肢分解再学上肢分解，或者按动作结构分解成几个动作，再分别进行学习；②分解示范为了使学生更快地掌握动作，不宜将动作分解得过细，应尽快向学习完整动作过渡。

2. 示范法的教学要求

第一，示范法是动作的典范。教师的示范不能一带而过，要力求做到准确、熟练、轻松、舒展和优美，给学生留下深刻印象，使学生看完示范后就产生跃跃欲试的感觉。

第二，示范要有明确的目的。教师的每次示范都应明确所要解决的问题示范什么、怎么示范，目的是什么，都应根据具体的教学任务、步骤以及学生的水平来安排。

第三，示范时应考虑示范位置、示范面和示范速度。示范位置的选择要有利于学生的观察，尽量让学生都能看到。一般可站在等腰三角形的顶点。教学中常用的示范面有正面、背面、侧面和镜面四种。

第四，示范与讲解相结合。在健美操教学中，示范与讲解相结合，能发挥学生的视觉、听觉等多种感知觉的综合运用，增加感受器对动作信息的储存量，有利于技术的掌握和理解，获取最佳教学效果。

（三）提示法

提示法是教学以提示的方式指导学生进行练习的一种方法，主要有语言提示法和非语言提示法。

1. 语言提示法

教师用简练的语言或口令提示学生所要完成的动作名称、时间、数量、方法和质量的要求等。教师在采用此教法时应注意以下两点：

第一，提示语言要准确恰当、声音洪亮、声调恰当。

第二，提示语要配合音乐节奏。

2. 非语言提示法

教师用肢体语言、面部表情、视线接触来提示学生完成动作的方法，教师在采用此教法时应注意以下五点：

第一，教师应使学生明白自己肢体语言的含义，最好预先向学生声明课上所采用的一些动作的肢体语言和手势。

第二，教师应掌握好提示时机，用手势提醒是应提前2拍或4拍做出并使每一位学生都能看清教师所做出的手势。

第三，教师所用的肢体语言提示动作应准确、规范，在必要时可将动作进行夸张。

第四，教师使用肢体语言是可配合语言提示为学生进一步明确动作内容及动作要领，可采用肢体语言和语言相结合。

第五，教师应通过面目表情和眼神来激励学生，教师要以认真的态度和饱满的激情来感染学生、关怀学生，让学生体会到老师的重视关注，会更加用心去运动。

（四）带领法

带领法是教师带领学生连续完成单个动作、组合动作、成套动作练习的方法。此种方法能使学生在短暂的学习时间中循序渐进，建立正确的动作概念掌握动作与动作间的连接，在健美操教学中广泛采用。带领法的要求有：

（1）根据动作需要，正确选择带领的示范面。结构简单的动作一般选用镜面示范带领法。

（2）带领法与手势、口令、语言等提示方法相结合使用，多种方法的结合运用，可使学生达到眼看、耳听、心想、体动的目的，从而获得最佳的教学效果。

（五）动作组合教学方法

随着健美操项目的发展，针对健美操教学特点，在原有的基础上又出现了一系列以组合动作为单位，进行持续、连贯教学的方法，如线性渐进法、金字塔法、递加循环法、连接法、过渡动作法和层层变化法，这些方法的特点是教师将一个动作组合，运用领做、重复、练习、连接新旧动作并重复练习等多种方法，并在不间歇的运动中提高身体机能、增进健康。它们的统一点就是以组合为单位，最后使学生完整地掌握这个动作组合，所以可以将这些方法统一化为一类并命名为动作组合教学法。该方法多用于学校健美操课前准备活动的热身和简单动作组合的学习与教授，以及健身房有氧操部分的健身锻炼。

1. 线性渐进法

线性渐进法是一种组合或套路最简单的自由教学法，该方法是把单个动作按顺序排列起来，动作之间的过渡通过只改变一个因素来实现这个因素可以是上肢动作、下肢动作或加入变化的其他因素。在线性渐进中，每次的变化都应以容易过渡为原则。在运用该教学法时，在动作的选择上应注意动作的多样性和均衡。（表3-1、表3-2[①]）

表3-1 A动作

| 步骤 | 节拍 | 动作 | 下肢动作 | 方向 | 上肢动作 |
|---|---|---|---|---|---|
| 1 | 1×16 | A | 一字步 | 面向前 | 双手叉腰 |
| 2 | 1×16 | A | 一字步 | 向2位，还原 | 双手叉腰 |
| 3 | 1×16 | A | 一字步 | 向2位，还原 | 手臂胸前屈，双手叉腰 |

表3-2 B动作

| 步骤 | 节拍 | 动作 | 下肢动作 | 方向 | 上肢动作 |
|---|---|---|---|---|---|
| 4 | 1×16 | B | 并步跳 | 面向前 | 双手叉腰 |
| 5 | 1×16 | B | 并步跳 | 向2位，向8位 | 双手叉腰 |
| 6 | 1×16 | B | 并步跳 | 向2位，向8位 | 胸前击掌，双手叉腰 |

2. 金字塔法

金字塔法是像金字塔一样，是一种递增或递减单个动作次数的方法。该方法通过改变单个动作的练习次数来达到教学目的，逐渐增加重复动作次数称为倒金字塔法。正金字塔教学法的优点是使学生专注于动作技术、身体姿态、练习强度；倒金字塔法的优点是增加组合动作的复杂性、组合构成的紧凑性和动作连接的节奏感，将练习者的注意力集中到动作练习中，提高练习者的积极性和健身效果。

---

[①] 本节表格均引自：李冬莲.高校健美操教学理论与实践研究[M].石家庄：河北人民出版社，2019.

表 3-3　金字塔法

| 步骤 | 正金字塔法 | 倒金字塔法 |
|---|---|---|
| 1 | 1 脚尖侧面 +1 迈步吸腿 | 8 脚尖侧点 +8 迈步吸腿 |
| 2 | 2 脚尖侧面 +2 迈步吸腿 | 4 脚尖侧点 +4 迈步吸腿 |
| 3 | 4 脚尖侧面 +4 迈步吸腿 | 2 脚尖侧点 +2 迈步吸腿 |
| 4 | 8 脚尖侧面 +8 迈步吸腿 | 1 脚尖侧点 +1 迈步吸腿 |

3. 递加循环法

递加循环法也称记忆法或组合套路法，每学习一个动作组合，都与前面的动作连接起来进行练习直到学完最后一个动作为止的一种方法；每学习增加一个动作，都与前面动作连接，即从开始动作连接到新学动作。例如：

学习 A　　　　　　　　4 迈步侧点地

学习 B　　　　　　　　2V 字步

连接 A+B　　　　　　　4 迈步点地 +2V 字步

学习 C　　　　　　　　2 交叉步

连接 A+B+C　　　　　　4 迈步侧点地 +2V 字步 +2 交叉步

学习 D　　　　　　　　4 小马跳

连接 A+B+C+D　　　　　4 迈步侧点地 +2V 字步 +2 交叉步 +4 小马跳

4. 连接法

连接法通常又称为部分到整体法，是把单个动作按照一定的顺序连接并发展成组合的一种方法。例如，先教 A 动作，再教 B 动作，然后再将 A 和 B 动作连接起来，C 动作和 D 动作的方法同 A，B，最后将 A，B，C，D 连接起来，产生一个四个动作的组合。例如：

学习 A　　　　　　　　4 迈步侧点地

学习 B　　　　　　　　2V 字步

连接 A+B　　　　　　　4 迈步点地 +2V 字步

学习 C　　　　　　　　2 交叉步

学习 D　　　　　　　　4 小马跳

连接 C+D　　　　　　　2 交叉步 +4 小马跳

连接 A+B+C+D　　　　　4 迈步侧点地 +2V 字步 +2 交叉步 +4 小马跳

5．过渡动作法

过渡动作法是在复杂动作之前加一个或者一段简单的过渡动作，作为学习复杂动作的一个铺垫或引导，有利于复杂动作的掌握，而后再去掉过渡动作的方法。例如：

过渡动作 N= 并步

学习 A　　　　　　　　　4 迈步侧点地

学习 N　　　　　　　　　4 并步

连接 A+N　　　　　　　　4 迈步侧点地 +4 并步

学习 B　　　　　　　　　2V 字步

连接 B+N　　　　　　　　2V 字步 +4 并步

连接 A+B+N　　　　　　　4 迈步侧点地 +2V 字步 +8 并步

学习 C　　　　　　　　　2 交叉步

连接 A+B+C+N　　　　　　4 迈步侧点地 +2V 字步 +2 交叉步 +4 并步

学习 D　　　　　　　　　4 小马跳

连接 A+B+C+D　　　　　　4 迈步侧点地 +2V 字步 +2 交叉步 +4 小马跳

6．层层变化法

层层变化法就是从组合通过多次练习，层层变化，逐渐过渡到另一个动作组合的方法，该学习与线性渐进法相似，不同点在于动作的改变是在原有动作的基础上进行，并且每改变一个动作，就带动整个组合的重复练习。例如：

4×8 拍的动作组合

动作 A+B+C+D　　　　　　4 迈步侧点地 +2V 字步 +2 交叉步 +4 小马跳

改变动作 A 后

动作 A"+B+C+D　　　　　　4 并步 +2V 字步 +2 交叉步 +4 小马跳

改变动作 B 后

动作 A"+B"+C+D　　　　　　4 并步 +2 十字步 +2 交叉步 +4 小马跳

改变动作 C 后

动作 A"+B"+C"+D　　　　　　4 并步 +2 十字步 +2 上步吸腿 +4 小马跳

改变动作 D 后

动作 A"+B"+C"+D"　　　　　4 并步 +2 十字步 +2 上步吸腿 +4 开合跳

7. 纠正错误方法

纠正错误也是教师帮助学生掌握正确动作的教学方法，一般常用的纠错方法有指导法、静控体验法、助力法、语言提示法和对比分析法。

指导法是指教师通过对学生的练习进行评价，指导学生改正错误与不足的方法。指导法根据指导对象的人数，又可分为集体指导法和个别指导法。

静控体验法是指由于学生肌肉本体感觉差，不能有效控制动作而出现错误时，教师一般采用肢体控制的方法，让学生体会肌肉用力的感觉和方位。例如，对手臂伸不直的同学，可以让其保持两臂伸直的控制练习，体会手臂伸直时的肌肉感觉。

助力法是指教师通过给予学生外力的帮助，使学生通过触觉和肌肉的本体感觉，直接体会动作正确的位置感和动作发力的方法。助力法常运用于初学者对基础较差的个别学生进行指导。

语言提示法是指由于学生遗忘动作或对动作要领不清楚而出现错误时，可以通过提示动作名称或动作要领来启发、诱导学生完成动作的方法。

对比分析法是指教师通过正误动作对比找出动作之间的差异，使学生加深对动作的理解，纠正错误动作，形成正确概念的方法。

## 二、练习法

（一）常见练习方法

（1）模仿练习。模仿练习就是教师领做，学生跟随模仿的动作练习方法。在学习新动作时，教师在示范、讲解新动作的要领后，为使学生弄清楚和记忆动作的结构、方向和路线，常进行教师领做，学生模仿练习的练习形式。

（2）重复练习法。对一个动作或一个组合进行多次重复练习的方法。学生初步掌握动作后，必须坚持在教师的指导下反复练习，逐步形成正确的动力定型。学生在进行重复练习时，教师要及时纠正错误动作，提示不同层次的要求。重复练习法即包括组合或成套动作的重复，也包括对单个分解动作的重复练习。

（3）念动练习法。指的是有意识地、系统地在脑中重复再现动作表象的练习方法，能使想象运动的肌肉产生微弱的神经冲动，多次重复就会起到强化记忆的作用，有助于加快动作的熟练和加深动作的记忆，有利于建立和巩固正确动作的动力定型。念动练习法一般安排在学习新动作之后或复习新动作之前，能帮助学生集中注意力，积极思维，加深对动作的印象。也是调节运动负荷，积极休息，恢复体力的一种手段。念动练习的时间一般不宜太长，每次 1～3 分钟。初学者最好在教师的指导下集体练习。有一定基础的学生，可以在音乐的伴奏下对整体动作进行念动训练，有助于动作与音乐的有机配合。

（二）组织练习形式

健美操课组织练习的形式一般有集体练习、分组练习、单人练习、双人练习等组织形式。

（1）集体练习。对全班学生进行集中指导、共同练习的组织形式。集体练习的组织形式有教师喊口令或击拍进行集体练习和跟音乐集体练习。教师喊口令或击拍练习一般在学习新动作后，或纠正错误动作后以及某个动作进行强化时运用，采用集体练习形式，教师容易发现学生练习中存在的错误，并能及时集体纠正。

（2）分组练习。集中指导后将全班学生分成若干个小组进行复习巩固的练习组织形式。分组练习一般安排在学生初步掌握新授动作后进行。分组练习前教师要提出练习的具体要求和注意事项，这样有利于同组同学间互相监督和指导动作，有利于培养学生的团队精神。练习中教师要轮流指导，督促学习。

（3）单人练习。是学生单独完成动作的练习。单人练习能够消除学生对老师和同伴的依赖性，使动作与思维结合，利于动作记忆。教师也可在学生练习的间歇时间里个别辅导，因材施教。

（4）双人练习。两人一组进行练习组织形式，一般在巩固提高动作阶段，一人做动作，一人观看，互相进行动作评价，并对出现的问题进行纠正。目的是培养学生的观察、分析和解决问题能力，教师进行轮流指导，对学生分析和解决问题的情况进行评价。

## 三、评价法

评价法就是价值判断，教学评价就是对教学活动或者结果等有关问题进行价值判断时所运用的方法或途径。评价是为了了解教学过程，及时获得教学反馈信息并促进教学效果和教学质量的改进与提高。教学中常用的评价法主要有以下三种：

（1）观察与提问法。观察是通过观察获得教学信息的一种方法。观察是教师在健美操教学中，及时了解学生技术掌握程度的最直接的方法。教师的观察要做到心中有数，要善于发现并及时解决学生在学习和练习中出现的问题，可在适应的时候给予评价。提问法是教师提出问题，并要求学生回答的方法，是教师了解学生对健美操知识技能掌握情况的主要方法。提问的内容要简明扼要，提问更掌握好时机，并能启发学生积极思考。

（2）抽查与检验。抽查是教师随堂让个别学生独立完成动作，检查健美操动作是否正确、协调，成套动作是否连贯熟练的一种方法。

（3）教学比赛。在教学的不同阶段，根据教学和要求以及学生的实际情况，采用个人比赛、分组推选代表比赛、分组比赛等形式，达到复习提高健美操动作技能、了解教学效果的目的。通过比赛激发学生的竞争意识，对调动学生练习的积极性，提高教学效果有重要作用。

### 四、学导式教学法

（一）学导式教学法的概念界定

学导式教学法是指在教学过程中，教师对所传授的知识进行适当的引导，让学生通过观察、思考进行自主学习，使各个层次和不同水平的学生都能获得较好学习效果的一种教学方法。学导式教学法以学生为主体、教师为主导，以开发替能为核心，以全面发展为目标，是培养学生分析、解决问题的能力的一种行之有效的方法。强调学生"学"与教师"导"的有机结合，其教学范式为"自学—解疑—精讲—演练"，恰当的利用学导式教学法不仅能有效促进学生知识、技能的获得，同时有助于学生学习能力的形成。

学导式教学法学生的主体性是指在教学活动中，作为主体的学生在教师引导下处理同外部世界关系时所表现出的功能特征，具体表现为：①自主性，指个人在对象性活动中是自己行为的主人，能按照自己的意愿做出选择与决定，对自己的活动具有支配和控制的能力；②能动性，也叫自觉能动性，是主体最本质的特性，指主体在对象性关系中主动、积极地认识与改造客观世界，而非消极、被动地进行认识和实践；③创造性，是主体性的最高表现和最高层次，它以探索和求新为特征，在原有的认识、操作、成果基础上，有所改进、突破与超越。

将学导式教学法引入普通高校健美操课程教学中，对教学思想和教学观念的改革以及对创新型人才的培养具有理论与实践的意义，也可以为培养学生自我导向学习能力，终生体育意识奠定基础。

### (二)学导式教学法的思想目标

学导式教学法认为,任何教学活动都离不开学习者的积极参与和自主学习活动,教师不仅是知识的传授者,更是能力的培养者。在健美操课堂教学中要坚持以学生为主体,教师为主导,开发智能为核心,全面发展为目标,充分激发学生的学习兴趣,调动学生的主动性,培养学生良好的体育意识与自主学习能力。只有把学生的主体作用、教师的主导作用、教材的示范作用、师生间与学生间的互补作用最优化地结合起来,才能面向全体学生,促进学生发展,激发学生的创造性,培养学生分析问题和解决问题的能力,从而促进学生全面发展。

学导式教学的目标是优化学生智能结构,使求学者的智力与非智力因素等方面获得全方位发展,提升人才素质。学导式以创造能力为重点,不仅要掌握专业知识,还要提高思想品格。教师在教学设计中应体现出明确的教学目标,使学生围绕教学目标进行学习。教学目标要根据学导式教学法的特点和健美操的项目特征制订,突出知识和技能目标,兼顾情感目标。

### (三)学导式教学法的实施环节

"自学—解疑—精讲—演练"是学导式创新教学过程的范式,教师可以根据学导式教学法的特征,结合健美操的项目特点设计健美操实践课"学导式"教学程序。主要环节为:学生自学—师生交流—教师精讲—学生演练—评价总结。

(1)学生自学阶段。在健美操新授课之前,教师应精心设计导语,运用导语激发学生学习动机,提出具体的要求,强调练习过程中的注意事项,并提供必要的健美操教学辅助资料,组织学生独立自觉地学习。学生通过课后查阅资料与练习,形成技术动作的初步印象。

(2)师生交流阶段。每节课基础练习时,教师观察学生掌握技术情况,及时获取学生的反馈信息,便于在精讲阶段适时调整、分清主次,把大多数人都存在的问题作为重点教学。

(3)教师精讲阶段。通过课堂解疑,此阶段教师要精讲提炼,抓住重点、难点,并讲解示范正确动作,加深学生对健美操动作要领的理解。

(4)学生演练阶段。此阶段通过教师的讲解、师范,让学生体会正确动作,然后教师巡回指导并逐个纠错,学生经过自身思考与教师的讲解示范,纠正并完善动作,形成正确的动作定型。在此基础上,学生对动作进行再创造,教师则予以适当的点拨,开发学生的创造性思维。

（5）评价总结阶段。学生进行自评、互评，教师总评，通过总结把本次课学习的知识系统化、条理化，有针对性的布置课外作业，提出下次课的自学要求。

（四）学导式教学法的教学策略

教学是课程实施的主要途径，占据着课程实施的核心地位，从某种意义上说，教师只有在把课程计划作为自己选择教学策略的依据时，课程才得到实施。教学策略是指教师在课堂上为达到课程目标而采取的一套特定的教学方式或方法，在教学过程中，教学策略要根据不同的教学情境和学生的需求随时调整变化，使教学效果达到最优化。针对传统教学的弊端，以学导式教学法的思想观念为指导，结合心理学相关理论以及健美操的教学实际，为保证学导式教学法充分发挥其教育教学效果，教师可以采取以下教学策略。

第一，激发学生的学习动机。学习动机是影响学生自主学习的一个重要因素，激发学生的学习动机能有效地提高学生的自主学习能力。教师要把如何通过知识的传授来开发学生智能作为突破口，结合教学内容给学生创设良好的教学情境。例如，在健美操套路教学时，采用多媒体教学，通过完整示范与讲解来激发学生的求知欲，并在脑海中留下深刻印象，主动性是学生主体作用发挥的基础。在满足学生需求的基础上，教学设计要富有启发性、创造性和有效性，最大限度地指导学生学习。教师在课堂教学中要精心设计教学情境，促进学生主体作用的发挥，从而提高学生的自主性学习能力。

第二，巧妙设计自主学习活动。学导式教学的核心问题是教会学生"会学"，以发展其自主学习的能力。它运用于健美操教学中的本质是把已学习的科学原理、基本知识、技术转化为学生的真知，同时引导学生把所学知识转化为能力的一种特殊的教育形式。因此，在教学设计中教师要有计划、有步骤的在课堂上为学生创造和提供实践机会，培养学生的自主学习能力。

第三，营造和谐的教学氛围。教学过程是师生交往、共同发展的互动过程，教师在教学过程中要处理好传授知识与培养学生能力的关系，营造民主和谐的教学氛围。在健美操课堂上做连续的、具有一定强度的成套动作和局部力量练习会使学生产生疲劳和消极情绪。教师要善于寓教于乐。教师在授课时融入感情色彩，以激发学生的学习热情，活跃课堂气氛；采用多种教学手段，激发学生学习兴趣；对学生的学习情况要及时给予肯定和表扬；在课堂教学中要及时和学生保持沟通。总之，民主和谐的氛围是主体参与教学的重要保障。

第四，体验成功，树立自信心。学导式教学法强调学生的学习经历和体验，尤其是注意引导和帮助学生获得积极的情感体验。一段成功的经历会给学生带来愉悦，增强学习的自信心，并激励他们不断地进行探索、创新。

第五，指导学法、学会学习。学导式教学法的一个重要观点是教会学生"如何学"。在这个经济飞速发展，知识爆炸的时代，只有掌握了正确地学习策略与方法，才能在不断变换的局面中准确把握主体发展的方向，积极开拓新知。健美操是一项动作多变、节奏鲜明、风格迥异的健美类运动项目，对学生的专项能力要求较高，如何利用有限的课堂教学，使学生掌握行之有效的学习方法，提高学生的学习能力显得极为重要。处理好传授知识和培养能力的关系符合学生主体性发展的要求，同时也是学导式教学过程中的一个重要因素。教师在健美操课程教学中，应注意学习策略要因材而定、激励学生在不同的情境中运用策略。

（五）学导式教学法的使用条件

无论教学模式有多宽的适用范围，有多强的适应性，都要受一定条件限定。任何一种教学模式都只是在某个特定条件下才能最有效的发挥效力，离开了这些特定条件，教学效果将受到一定影响。学导式教学法以"学为主体、导为主线"，能有效地培养学生的自主学习能力，促进学生的智力发展。它适合于难度不大的教材或在教材的提高阶段采用。在健美操教学过程中需要具备以下条件：

第一，教学目标和任务要在掌握知识的同时充分发挥学生的主观能动性，培养学生分析、解决问题的能力。在教学实施过程中，教师要努力创设条件，促进学生由"学会"到"会学"的转变；同时，教学评价的重心也要从"考试成绩"转移到"培养学生自主学习能力"上。

第二，教材的选用要适合学生学习。教师根据教学目标和课程设计的要点和要求，结合学生的实际情况，给学生提供一定的教辅资料，如健美操教学视频、动作图解等。教辅资料的选用要便于学生模仿和记忆，要图文并茂、激发学生的求知欲，而且要能解决学生自主学习中的问题。同时，教师在教学目标的指导下，充分考察学生的知识水平，根据教参书和教辅资料总结出自学提纲。提纲的设置要与课堂教学密切相关，且具有一定的难度以激发学生的学习兴趣，这个"度"的把握就是学导式教学的难点之一。

第三，教师要从传授教育内容和控制学生的角色转变为帮助学生学习和提供学习资源的角色，即学习活动的组织者、学习方法的指导者、学习兴趣的激发者、学习效果的评价者。学导式教学范式的精讲阶段是在学生自主学习基础上进行的教学，是一种高水平的教学模式，对体育教师的要求较高。教师不仅要保持和提高自身的身体素质，保证教学示范的准确性，还要不断充实自身理论水平和道德修养，从而提高教师课堂教学的驾驭能力，满足学生的求知欲。同时要注意正确地估计学生的学习能力，并对学生进行仔细观察，正确引导；控制好教学的步骤以及正确处理好学生自主学习与教师的促进者作用的关系。

第四，在学生为主体的学导式教学模式中，学生除了需要具备一定的自学能力、自我反思能力和自我控制能力外，还要积极思考、勤于锻炼，记录学习过程中的问题并及时将信息反馈给教师。在学习过程中要有明确的学习目的和态度，自觉、积极地学习健美操知识、技术、技能，主动向教师请教，多与同学交流，并学会反思总结，从而培养分析、解决问题的能力。

第五，场地、装备是上好健美操课的保证。健美操教学目的、任务的实现和教学内容的实施，必然要求最基本的物资设备条件；同时，为了更好地学习健美操技术，学生也应做好自身的物质准备。

要想切实实施健美操必修课的学导式教学模式，需要教学目标、教学内容、教师、学生等的有机配合，甚至对场地、器材的选择也很重要。因此，教师要不断提高自己的业务水平，灵活的运用教学方法与教学手段。与此同时，学生也要充分发挥自己的主观能动性，提高自主学习能力。学导式教学法在健美操教学中的应用，需要教师、学生、教材的协调配合。

（六）学导式教学法的教学评价

教学评价是对教学工作质量所做的测量、分析和评定。它以促进学生发展和达到教育、教学目标为中心评价，不仅要重视学生学业成绩与智能结构的评价，同时还要注重教师教学质量和教学过程的评价，指出评价过程除了由评价者做出评价外，还应注意自我评价。

学导式教学的评价要采用"教"与"学"双向检查的评价方式，在教学过程中应及时检查学生学习情况，综合评价教师的教学过程。教师通过学生的信息反馈，及时调整和改进教学活动；学生则通过教师的指导、点拨，强化知识技能，不断总结提高，对健美操动作进行再创造。

学导式考试与评价要促进人的发展，在健美操教学评价中的目的是促进全体学生更好的学习与发展，实现教学最优化。要及时诊断教学过程中存在的问题，激发学生的学习兴趣,调动学生学习的主动性。

学导式教学法的评价内容包括两个方面,分别是:学生掌握的知识、技术方面;学生课堂学习表现出来的态度、兴趣、动机、情感方面。

### 五、微格教学法

(一)微格教学法的概念界定

微格教学法是将复杂的教学过程中的各种技巧进行科学的分类,并把不同的技能、技巧单独进行训练的教学方法。微格教学法应用现代化视听技术设备及时进行信息反馈,能使被培训的教师对自己的教学活动直接进行观察、分析、评估,较快地进行调整,以便更迅速地达到培训的目的。

微格教学在20世纪80年代引入我国内地,并且发展迅速,大部分院校和部分中小学都开展了微格教学的学习和研究,并发展一些实践活动。一些专家学者也对微格教学展开了研究讨论,并且取得了很大的成绩,他们通过对西方教育思想的应用研究,为微格教学目标的制订,微格教案的格式,教学设计的思想提供了理论基础和理论依据,同时,他们也发表了大量的学术论文,推动着微格教学的发展。

微格教学法的教学目标明确、学习重点突出、学生易于控制。根据大学生身心发展特点及现有学习健美操的能力,在学习过程中进行自我分析,教师在教学过程中目标明确、学生在学习中重点突出、易于控制。微格教学过程与现代声像设备是分不开的,利用声像设备把每一位学生的练习过程如实客观地记录下来,为每位学生提供了直观的现场学习资料。学生能在第一时间及时看到自己的动作,获得反馈信息,及时矫正错误动作。

(二)微格教学法的教学程序

第一,理论学习和研究。在健美操课实施微格教学前,教师指导学生学习健美操的基本理论、教学基本步骤、健美操创编等内容;明确健美操课中的任务;了解微格教学实施过程;电教设备的使用方法等有关知识。

第二,组织教学、摄像。

第三,观看教学录像。

第四,反馈和评价。①重放录像:通过重放教学实况录像,使学生及时地获得反馈信息,教师和学生共同观看,进一步观察各小组学生达到学习目标的程度;

②自我分析：观看录像后，各组学生进行自我分析，确定是否掌握了所学习的教学技能，总结有待改进的地方。

第五，矫正提高。学生通过观看录像，根据自我分析，实施反馈矫正，以利于动作技能的提高。

## 第四节 健美操教学能力的要求与培养

能力通常是指完成一定活动的身体和心理的本领，包括完成一定活动的具体方法及所具备的心理特征。教学的本质是教师把人类已知的科学真理转化为学生的认知，同时引导学生把所学的知识转化为能力的一种特殊的教育形式。

### 一、健美操教学设计能力的要求与培养

（一）健美操教学设计能力的要求

教学设计能力就是根据教学大纲和学生水平确定某一教学阶段或某项技术的教学目的、教学内容、教学过程和教学方法。健美操教学设计有以下四个方面：

（1）确定教学目的和任务。通过认真、充分地分析和研究健美操教学大纲和健美操教材所编的教学目标，进一步将教学目标具体化，根据健美操教材的特点和学生的实际水平，在教学中确定一个章节、一项技术甚至一个动作的教学目的。

（2）精选教育内容。通过钻研教学大纲、教学计划和教科书，并根据具体的教学任务精选教学内容。能够在充分了解学生的实际水平和接受能力的基础上，根据所精选的教学内容进行有针对性的、有重点的、有序的组织安排。

（3）组织合理的教学过程。教学过程即包括全部的教学过程。其要求就是能够把选好的教学过程的内容做好教学顺序、课时比重和各项内容的合理安排。

（4）选择教学方法。有效的教学方法是教师使学生顺利掌握健美操动作技术的关键和保证，对选择教学方法的要求就是能够根据以技术为主的教学内容，抓住动作技术的技术关键、重点和难点，选择有效的教学方法。

（二）健美操教学设计能力的培养

（1）熟练掌握教学设计理论。对健美操教材内容的熟练掌握是进行课堂教学设计的前提。教学中要让学生了解教材内容体系及特点，掌握教材的全部内容，理清教材体系。

（2）进行教学单项设计。单项设计是对教学内容中某一项内容或某一部分进行的设计，这种设计练习任务单一，能切合实际配合学生教学设计的基本能力。

（3）进行教学综合设计。综合设计是在单项设计的基础上进行的。在学生能够顺利完成单项设计的基础上，教师可逐步、有计划地培养学生多项设计和综合设计的能力。

## 二、健美操编写教案能力的要求与培养

（一）健美操编写教案能力的要求

（1）编写应有计划性。教案编写中，大到内容的顺序、方法的运用和时间的安排，小到具体动作讲解的时机、练习次数等细节的安排都应体现出教案编写的有序性和计划性。

（2）编写要有科学性。在编写教案过程中，对知识、动作技术和原理的讲述及课中运动量的安排，都应正确、合理和科学。

（二）健美操编写教案能力的培养

（1）熟悉教案编写的一般格式和内容。让学生了解并熟悉健美操教案编写的格式、内容及顺序安排，这是培养能力的第一步。

（2）进行编写教案的实践练习。在学生熟悉教案编写的一般格式及内容后，教师可有目的地安排学生进行编写，首先，要求编写的教案格式正确，内容及顺序安排合理。其次，随着能力的逐步提高，教师应进一步提出要求，主要在教案编写所用的文字表达和语言叙述上，要简明、准确、条理清楚、书写工整。

## 三、健美操动作示范能力的要求与培养

动作示范是健美操进行直观教学的首要条件。正确优美的动作示范是教师调动学生学习积极性的重要因素。示范的正确使用也是提高教学质量和效率的积极因素。

(一)健美操动作示范能力的要求

(1)动作示范正确。示范动作是学生获得动作形象的主要来源,因此要求示范动作必须正确,姿态规范,且动作熟练。熟练是动作优美的前提。正确与熟练的动作示范能给学生留下深刻的印象,减轻心理负担。

(2)示范方法的正确使用。示范方法的正确运用是指能根据示范动作的需要,正确选择合适的示范面、示范位置和示范速度,并能根据教学任务的需要将分解示范与完整示范结合运用。

(二)健美操动作示范能力的培养

(1)重视基本技术和基本姿态的训练。基本技术和基本姿态是形成正确技术动作,提高运动技术水平的基础。重视基本技术和基本姿态的训练是形成规范动作示范的前提。方法是组织学生观看健美操教学、表演及比赛的影像资料。通过观看视频使学生对规范、优美的动作有进一步的认识和理解,以提高动作水平和表现力。教学中,也可经常让学生轮换在队前带领练习,以提高学生对自身动作规范性的要求,也可以经常进行小组表演性比赛,以促进学生对自身动作的关注。

(2)熟练掌握示范法。教师应加强示范教学方法的系统讲解,使学生熟悉并能掌握示范方法的内容和运用要求。基本掌握如何选择适宜的示范位置、示范面和示范速度,如何进行完整示范和分解示范的有机结合。

(3)进行示范方法的实践练习。示范方法的实践练习可以从三方面进行:①教师指导下的学生练习,教师对动作或套路按顺序示范,并对不同的动作所采用的示范面、示范点进行演示后,学生开始实践,教师及时给予评价;②学生之间互相示范相互纠正动作,提高学生正确示范及示范面的转换能力;③让学生进行动作教学的示范实践,提高学生独立运用示范方法的能力。

## 四、健美操讲解能力的要求与培养

健美操教学中的讲解是对健美操的知识、动作技术的语言表达。讲解能力的高低,是体现教学能力的重要指标和影响教学效果的主要环节。

(一)健美操讲解能力的要求

(1)讲解要准确、清楚、简练。对于健美操教学中的讲解,概念要正确,讲述要清楚,语言要简练。多用健美操术语能对动作技术的重点和关键进行正确、清楚且简练的讲解。

（2）讲解要有条理性，表达要有节奏。讲解要有条理性，对于所讲内容的安排要有条理，知道先讲什么，后讲什么，怎么讲才更清楚。语言表达要有节奏，讲解的语速要有快慢、有停顿，错落有致，声音高低长短也应有节奏，在有节奏的表达中能突出讲解的重点。

（二）健美操讲解能力的培养

（1）提问训练。教师在教学中采用对学生提问、要求学生回答的一种方式，它是培养学生语言表达能力的一种较有效的方法。例如，教师先让学生回答某一种技术动作的名称、术语、技术要点并讲解动作过程。学生先积极思考并按照要求回答，而后教师就学生的讲解给予评定，指出应改进的问题。最后，教师再进行讲解方法上的指导，并就该问题进行回答，让学生将自身讲解和教师的讲解进行比较，找出不足。

（2）试教训练。一般是在学生学习的结业阶段，让学生实验性教授教学课的一部分，并在试教前，先安排好试教的主要内容和顺序，学生提前写教案，做好准备。在学生试教结束后，教师及时给予评定，改进不足，逐步提高试教能力。

## 五、观察分析与纠正错误动作能力的要求与培养

观察分析与纠正错误动作能力的培养，关键在于培养学生发现问题并解决问题的能力，教师要有计划、有步骤地在课上为学生提供和创造实践的机会。

（一）观察分析与纠正错误动作能力的要求

（1）会观察和分析。会观察和分析主要是指能够选择合适的观察距离和观察位置对动作进行有针对性的观察，并能发现问题，能够对问题产生的原因进行分析。

（2）会纠正。通过原因分析，能够找到解决问题的方法，并对问题进行纠正和解决。

（二）观察分析与纠正错误动作能力的培养

（1）教授方法。首先要教给学生观察问题、分析问题和解决问题的一些方法，观察问题的方法主要是整体观察法、部分观察法；其次是交给学生分析问题和解决问题的思维方法。

（2）指导学生进行实践。教师在健美操课上，组织学生互相观察、分析并

纠正错误动作，可以采用分组轮换形式进行观察，也可一帮一地进行练习和观察，提高学生积极发现问题和解决问题的能力。观看比赛录像，让学生观察和分析每个运动员完成动作的特点，集中对一套动作进行分析，指出其优缺点，并提出加以改进的意见或方案，由完成动作较好或完成动作较差的同学同时学习做练习，教师组织学生观察，之后进行比较与分析，指出优点和缺点所在，提出改进动作的方法。

### 六、健美操创编能力的要求与培养

能进行健美操动作组合或简单的成套创编是学生学习和运用所学的技术动作、音乐、健美操知识和审美能力的综合体现，也是健美操课的一项重要任务。创编健美操是在掌握健美操基本动作和创编原则与方法的基础上进行的。

（一）健美操创编能力的要求

（1）动作间的衔接应该连贯、流畅。健美操的组合动作或成套动作都是由单个动作连接组合而成，单个动作间的衔接、连贯、流畅是整个组合动作或成套动作流畅的基础，所以健美操的创编应强调单个动作间、组合动作的连贯，体现出整个组合和成套动作的连贯一致，和谐统一。

（2）动作与音乐的配合应和谐。音乐是健美操的灵魂，健美操动作与音乐的关系应是统一和谐的，音乐是动作的语言，动作是音乐的肢体表现，无论是根据动作来选配音乐还是根据音乐来创编动作，音乐与动作的主题与风格都应是配合紧密、统一和谐的。

（二）健美操创编能力的培养

（1）加强创编理论的学习。在创编前应教会学生健美操创编的原则、方法和程序，以及有关健美操音乐的基本常识。

（2）创编实践指导。组合动作的创编：①创编单个动作，在单个动作的基础上加上方向和移动路线，再创编组合动作；②对原有的组合动作进行整体模仿，局部修改。成套动作的创编是在基本掌握单个动作组合动作创编的基础上进行的。方法可采用教师统一规划安排，对学生提出具体的创编要求和组织实施方法，以小组为单位进行创编并表演动作。在各组创编完成后，组织全班交流并互相评价，最后由教师进行总体评价并给予一些建议，学生再次对动作进行修改和表演，最终在反复练习中提高创编能力。

# 第四章 健美操创编与竞技健美操创编发展

## 第一节 健美操创编的意义与原则

### 一、健美操创编的重要意义

（一）健美操创编是创新性思维与音乐的融合

1. 音乐能促进大脑的整体开发

心理活动主要由大脑左半球主管的人，他的思维属于思想家类型；而那些心理活动由大脑右半球主管的人，则属于艺术家类型。当我们欣赏美妙音乐的时候，大脑右半球的功能是知觉音乐形象，即把音乐序列联结成乐曲，而左半球的功能却是读乐谱。如果我们借助耳机依次用左耳和右耳来听音乐，那么没有音乐素养的人对左耳听到的音乐特别喜欢，也容易记住，因为从音乐获得的神经脉冲是通过交叉的传导神经传到大脑右半球的。专业音乐家和受过良好音乐教育的人对右耳听到的音乐特别容易记住，他们用分析的方式听音乐，把音乐分解成音符，而这种功能同左半球密切相关。

健美操运动是一项对音乐有一定要求的体育运动项目，大学生不论是在健美操的教学课堂，或者是参加各类健美操的培训，以及在欣赏健美操的比赛或表演的过程中，都伴随着与音乐的联系。若通过对健美操音乐的欣赏和在实践过程中对音乐的不断强化，用音乐开发大脑的右半球，使大脑左右两个半球都非常发达，对高效率地进行各种文化的学习和知识的创新具有一定的作用。

2. 音乐能激活人们的创新思维

音乐、艺术、哲学、伦理学等人文学科，对于学生成才和全面和谐发展有重要作用。音乐能激活人们的创新思维，是通过对人的听觉的作用而渗透到人的心灵深处的，音乐能使人暂时忘记眼前的一切纷扰，使人的思维升腾到神圣的音乐殿堂中，尽情享受自我与宇宙大自然浑然一体的感觉。这种优美的和谐，使人们得以寄托和排遣心灵上的痛苦和忧伤，使人们在陶冶精神境界的同时，大脑的思维环境得到纯洁和净化，从而使原来处于闲置状态下关闭着的信息通道和思维闸门豁然洞开，使大脑处于最佳思维状态，创新思维的灵感潜能被大大激活。

由于音乐具有一定的节奏和频率，从生理心理学意义上说，美妙的音乐是一种有规律的声波振动，能够引起人体组织细胞发生和谐的同步共振，提高大脑皮层的兴奋度，活跃和改善情绪状态，消除或缓解外界及心理因素造成的紧张心态，从而达到调整机体、使之处于最佳心理状态的功效。

（二）健美操创编是创新性思维与运动的融合

智力的核心是思维力，创造力的核心是创造性思维。创造性思维具有八大特征：对问题的敏感性、变通性、流畅性、独创性、再定义与再构成的智力、区别与抽象能力、综合能力、组织的一贯性。

创造性和独特性是健美操艺术评分的重要内容，优秀的竞技健美操成套动作必须是令人难忘的和与众不同的，它必须是不可预见的竞技健美操内容，包括开始、结束的八拍动作必须和成套动作与音乐很好吻合。在任何类型的健美操编排中，要求编排者要有新的思想，新奇的见解，新颖、罕见、首创的观念和成套的构思，要有灵活地获取各类知识和捕捉重要信息的能力，要能充分地发挥自由联想，对项目的发展具有高度的敏感性和洞察力。因此开展健美操运动，从事各类健美操创编工作，对于开发人的独创性、灵活性、流畅性、敏感性等创新思维能力有着积极的促进作用。

## 二、健美操创编的一般原则

不论是竞技健美操、健身健美操还是表演健美操，一般说来都要经过创编的过程，一套健美操是否能达到预定的功效取决于健美操创编水平和成套完成的质量。健美操的创编者不仅应具有一定的体育基础理论水平和健美操专业基础理论的知识，还应具备一定的音乐、舞蹈、美学的修养，对健美操的发展动向和新的信息要了如指掌。以此为基础，再根据健美操本身的规律及创编原则进行创编。

（一）针对性原则

健美操的内容繁多，表现的形式多种多样，创编者应针对不同的目的、任务、对象、年龄、性别、身体状态、运动水平、文化层次以及练习者的生理、心理、爱好和接受能力等特点,根据实际情况有所侧重、有的放矢地进行健美操的创编,做到因人而异。

在校的大学生,文化素质高,接受能力强,体力充沛,精力旺盛,并具有较强的表现欲。因此,在创编大学生健美操时应注意选择健美大方、充满青春活力、体现时代特征、富有艺术性和趣味性的动作,以及能够充分展示大学生个性的代表性动作;动作应幅度大,力度强,速度稍快,运动负荷较大。最好配以明快动听、富有时代特征、节奏强劲的音乐。

同时,在创编男大学生健美操时,要选择和设计能体现男子阳刚之气,能展示男子强壮体魄、刚劲有力、健美性强的动作和造型;在创编女大学生健美操时,注意编排那些舒展、优美、柔中有刚、刚柔相济、小关节活动较丰富、舞蹈性强的动作,以展示女子矫健的身姿,满足女性的喜爱和协调性较好的特点。同时还要特别注意针对女性的特点多编排发展腰、腹部肌肉力量的动作。

(二)目的性原则

健美操创编应根据不同的目的进行编排,如为了参加竞技健美操的比赛,则要求对比赛的规程、规则要充分了解,并根据规程进行编排;如为了进行某种健美操的表演,则要考虑到表演的效果,包括服装、道具、背景等因素;如健身性的减肥操应以简单易学、重复性的有氧运动为主,使其达到消耗脂肪的目的;如果想培养良好的身体形态,使身体匀称发展,就应根据练习者的形体特点,有针对性地设计动作,使其达到匀称、完善、健美的形体;在创编预防脊柱侧弯的医疗保健操时,应多设计一些躯干动作,尤其是体侧屈、体转等动作,配以身体其他部位动作的全方位运动。

通过不同套路的健美操练习、表演和比赛,达到不同的目的,这也是健美操的特点之一。

(三)科学性原则

每套健美操动作的创编都应严格遵循运动的生理解剖规律,健身性健美操每次运动的负荷应由小到大,动作由简到繁,强度由弱到强,逐步增加身体负荷。当达到和保持一定运动负荷后再逐步减小运动量,使心率变化由低到高,波浪式地逐渐上升,然后再逐渐恢复到平静状态,从而使心血管系统、呼吸系统、消化系统和内脏器官功能能得到全面的改善和提高。

一般健身健美操的成套操是由热身运动、基本部分、垫上运动和放松整理四部分组成：第一部分为热身运动，包括深呼吸、踏步、伸展等，目的是使身体、生理、心理为进入主体练习做好热身准备，同时了解音乐节奏、速度、风格，调节心理状态；第二部分为基本部分，是成套健美操的主要部分，一般先从远离人体的头或足开始，即头颈—上肢—肩—胸—躯干—下肢—全身—跳跃，由局部到整体，高潮到跳跃运动；第三部分是垫上运动，以练习躯干部位的动作为主，包括腰腹部，腰背部，大腿的前、后、内、外部位等；第四部分为整理放松动作，一般为踏步和全身放松调整。动作速度渐慢，伴以深呼吸，使心率逐渐恢复到安静状态。

（四）全面性原则

人体是在大脑皮层统一调节下的有机整体，人体各部位之间、各器官系统的机能之间是互相联系、互相制约的。为了达到全面发展身体的目的，在创编成套健美操时，要尽可能充分地动员整个机体参与运动，使身体各部位的肌肉、关节、韧带及内脏器官得到全面发展。

成套健美操动作一般包括头、颈、肩、腰、髋、腹、背和上、下肢运动。值得注意的是应重视编排健美操的不对称动作，不对称的动作包括左右的不对称、上肢与下肢的不对称、大关节与小关节的不对称等，不对称的动作有助于改善神经系统功能状况，有利于提高协调和灵敏素质，对全面发展身体有积极的促进作用。

（五）创新性原则

创新教育是人才培养中的一个重要过程，创新教育包括创新意识、创新思维、创新能力以及创新个性等内容，创新也是健美操的生命。没有创新就没有健美操的发展，创新性是健美操创编的一项重要原则。

健美操的创编者首先要了解国内外健美操发展的现状和趋势，深刻理解健美操精髓。然后，根据健美操的特点及编操的对象，创编出既有健身价值又有美学价值，既有观赏价值又有表演价值，新颖、独特的健美操。健美操的创新应从多方面着手，在了解健美操基本要素的基础上，对健美操的动作进行创造性的编排，它包括方向的变化；身体的面的变化；动作路线的变化；对称与不对称动作的结合；长短、曲直的搭配；音乐的创新（包括特殊制作的效果音）；动作连接的创新；以及队形路线变化的创新、难度的创新等。

## 第二节 健美操创编的依据与要素

　　创编健美操就是将丰富多样的不同形式的单个徒手动作串成组合动作和成节动作，并根据音乐的节奏和旋律的变化，将其合理地连贯起来，组编成一套动作。健美操的创编无论在教学、训练和比赛中都占有十分重要的地位。健美操成套动作的创编不是简单的单个动作罗列，而是动作间的有机联系、和谐配合、完整统一，是一项较为复杂的、创造性的工作。为了进一步提高教学效果和训练成绩，作为一名健美操老师和教练员，不仅要有丰富的体育运动知识，还应具有一定的音乐、舞蹈、美学等知识，还必须了解健美操发展的信息（趋势、比赛规程和规则及裁判知识等），不断地提高创编的技巧性和创新能力，使创编的成套动作具有一定的思想性和时代气息感。

　　一套健美操动作的创编必须有一个总体构思，要确定整套操的风格、结构、运动负荷、主体动作和动作顺序，进行精心设计，要选择适宜的音乐，着力解决好单个动作和组合动作的连接，使音乐格调、节奏与动作协调，力求动随音转，音随动张，相辅相成，相得益彰。

### 一、健美操创编的依据

**（一）依据不同的目的任务**

　　由于目的、任务的不同，在编排设计健美操动作的结构或艺术加工处理上也有所不同。

　　在进行教学组合动作和成套动作创编时，主要目的是提高和巩固教学大纲中的单个动作和组合动作的技术，所以，应以此为核心用不同形式和连接方法进行某一身体关节动作组合的编排或综合性的健身成套动作的编排，从而提高学生编排动作的能力，发展学生的协调性、节奏感和表现力。

　　在进行表演性成套动作创编时，主要目的是表演宣传，促进该项目的发展，吸引更多的人来参加，所以在编排中要注重娱乐性和表演效果，可采用更丰富多样的徒手动作、舞蹈动作（迪斯科、现代舞、爵士舞等）、技巧性动作、造型动作和队形变化等，以增加表演的气氛和感染力。

在竞技性健美操的成套创编时，主要目的是为了参加比赛，取得成绩，所以创编时必须严格按照规程和裁判规则的要求来进行。

（二）依据不同对象的特点

首先，在创编一套健美操成套动作时，应考虑对象的年龄、技术水平、身体素质条件和个性与特点，明确要编什么样的操。

其次，在动作选择、音乐节奏和风格及动作结构的排列上应考虑不同对象的不同生理特点和心理特点。

（三）依据规则要求与国际发展趋势

在创编一套竞技性健美操成套动作时，必须根据规则所规定的特殊要求、规定的难度数量和难度类型和特色、编排技术情况、现场表现、成套动作时间及场地使用等要求进行编排。为取得好成绩，在动作的编排上还必须适应国际的发展趋势，跟上国际潮流。

当前，国际的发展趋势表现在成套动作节奏快，音乐与动作更吻合，难度增大，动作更丰富多样，表演更突出个性。如跟不上国际上的这些发展趋势，则被认为是陈旧性的编排，其价值就大大降低。

（四）依据体育美学的形式美法则

形式美法则是人类运用形式规律创造美的形象的经验总结，整齐、层次、和谐、对比、均衡、节奏、多样和统一等都是形式美的表现形式。在编排健美操成套动作时必须遵循美学规律，才能更充分体现出健美操的健与美的特征。

如在编排单人成套动作时，运用形式美的法则，对成套动作的特殊要求和难度分布、高潮的出现要有合理严谨的布局和有层次的发展，通过节奏变换、刚柔力度、高低起伏和动作幅度大小等对比手法进一步表现出每个动作的特色。在编排中还应注意动作的多样化和生动性，以及音乐和动作之间的协调配合，使整个动作更富有活力。

如在编排6人成套动作时，可充分运用对比、层次、和谐、多样等形式美法则，整齐这一表现又是6人项目创编时最重要的特点，必须使所编动作的性质、做法、节奏变化及移动方法、动作配合等都有利于6名运动员整齐一致地完成动作并表现出清晰的队形图案。

总之，应根据形式美法则的相关规律进行健美操动作的创编。

## 二、健美操创编的要素

一般来说，无论是教学的、表演性的或竞技性的健美操成套动作的编排，都应掌握动作、舞蹈、音乐、时间和空间要素。

### （一）动作要素与舞蹈要素

任何一套健美操都是由健美操的单个动作所组成的，单个动作又是由人体的各关节、部位（头部、肩、胸部、腰部、髋部、上肢、下肢、手型）及立、卧、撑等动作和不同性质的练习所构成的。这些单个动作又源于徒手体操和艺术体操，它是构成单节操、组合动作或成套动作的基础，是编排成套动作的最主要的要素。徒手体操动作是健美操最基本的内容，它由头颈、上肢、胸部、腰部、下肢等部位的屈、伸、转、绕、举、摆、振等基本动作构成。只有正确地掌握徒手体操动作，才有可能协调、准确地完成健美操动作。身体波浪动作是艺术体操的典型练习。此外，还有摆动、绕环、躯干的屈伸、平衡、转体、跳步、舞步及近似技巧动作等也是健美操的内容。艺术体操的徒手练习不仅能培养人们对动作的美感，而且能有效地增强身体素质，提高协调性，增加成套动作的难度价值。

健美操中的舞蹈动作吸收了迪斯科舞、爵士舞、现代舞、霹雳舞、民族舞等舞蹈的动作要素。这些舞蹈中的上下肢、躯干、头颈和足踝动作，特别是髋部动作，给健美操增添了活力。但健美操中的舞蹈动作是按照体操的特点和健美操的本身要求，运用这些舞蹈的外形姿态进行再创编，把体操和舞蹈融为一体，为锻炼身体的各部位而设计的。

### （二）音乐要素与时间要素

在创编一套健美操动作时，离不开音乐这个要素。编排必须符合该套操所选择音乐的节奏和情绪，音乐对健美操来说，绝不仅仅是一种音响效果和节拍层次分明的作用。音乐表达了一定的思想情绪和意境，它能引起人们思想上的共鸣。在创编健美操时，音乐有助于确定该套操的风格，可以激发创编者的思维、想象，可以产生灵感。音乐是一套操的灵魂，如果抽掉这个灵魂，练习者做操时就显得毫无生机和激情，同时也就失去了健美操的价值。

创编一套健美操动作总是要求在一定的时间内完成所编的动作内容，即是受一定时间制约的。在编排健身健美操动作或教学动作和表演性动作时，其时间的选择比较灵活，可长可短，取决于内容多少、难易程度、选择音乐的长短及任务需要等。而在创编竞技性健美操成套动作时则受时间的限制。单人、混双和三人项目一套动作规定时间为1分45秒左右，前后仅有5秒的宽裕时间。所以，时间也是创编动作的要素之一。

（二）空间要素

空间要素主要表现在动作方向、路线和队形的变化及移动上。

一套健美操成套动作中的单个动作必须用不同的方向路线将它们贯穿起来，表现为左右变化、高低起伏、前后移动，在场地上描绘出一幅绚丽多彩的图画。方向路线是不可缺少的重要空间要素，如果在创编时对方向路线考虑不周，方向单一，路线单调，那么即使有再难、再美的单个动作，也不能使成套动作给人以美的感觉。健美操动作方向的变化有上、下、左、右、前、后六个主要方向，以及前上、前下、左前、右前、后上、后下、左后、右后、左上、左下、右上、右下等12个中间方向。

队形变化及移动是6人操或集体操（健身健美操）创编中不可缺少的空间要素。6人操或集体操共同完成某一个动作必须通过某一个队形体现出来，这些队形和队形变化及移动构成了6人操或集体操独特的编排特点，是单人、混双项目所不及的更富有变化、更美的一项艺术作品。常用的队形有直线形、平行线形、弧线形、三角形、方形、菱形、"V"字形、丁字形、箭头形等。队形移动有同方向移动、反方向移动、交叉移动、顺时针和逆时针移动及向心和离心移动等。

## 第三节 成套健美操创编的理论基础

### 一、健美操创编的一般步骤

（1）创编前的准备。创编前的准备包括：明确创编的目的、任务、要求；了解练习者多方面的情况（性别、年龄、职业、文化水平、身体状况、运动基础等）；了解锻炼时间、场地、器材设备等条件；学习有关创编健身健美操的文字和录像资料。

（2）制定总体方案。在了解多方面情况的基础上，确定所编操的类别（健身健美操中的哪一种）、风格（活泼或稳健、优美或刚劲等）、难度（大、中、小）、长度（若干个八拍）、速度（n拍/10s）、设计操的结构顺序、主要动作类型（如头的屈、伸、转、绕、绕环）及高潮的安排等。在有了基本构思后选配剪接音乐，反过来音乐又可以启发编操者的构思，补充、修改总体方案。最后可通过总体方案表将总体构思归纳起来，以便从整体上检查总体构思的完备性和合理性，并以此为纲进行下一步的具体动作设计。

（3）编排与记录。遵循健身健美操创编的原则，按照总体方案逐节设计具体动作，并用速记或速写的方法记录下来。

（4）练习与调整。按设计好的动作进行练习。在练习过程中进行多方面的检查，包括运动量和强度的测试，对整套操结构顺序的合理性和艺术性的检查等。根据测试结果、练习者的反馈信息及创编者的观察研究，对操进行适当的修改调整。

（5）撰写文字说明与绘图。撰写文字说明与绘图是为了长期保留、教学、研究、出版、交流而进行的工作。文字说明应简明扼要，术语正确，绘图应形象逼真，方向清晰，记录时最好图文并用。

## 二、健美操组合动作的创编

健美操组合动作是进行健美操练习的一种常用形式，也是大、中、小学体育课和对初学者进行健美操教学和训练时的主要内容。它是练习者在掌握了若干单个动作后，进一步巩固动作技术，提高动作的协调性、节奏感及表现能力的重要手段。

（一）健美操组合动作的类型划分

根据健美操组合动作所选内容的特点和性质，可分为单一型组合动作和综合型组合动作。

单一型组合动作是以某一种技术类型的动作为主的编排健美操组合动作，以巩固和提高某一类动作技术为目的，将同类不同形式的单个动作变换姿势、节奏、方向和幅度，按一定的规律将动作串连起来进行练习。如将髋部动作的顶髋、提髋、绕髋和绕环髋、行进间正反髋走等动作按一定的节拍和次数组合而成髋部组合，即属于这一类型的组合。在单一型组合动作中也可以运用一些简单动作，作为连接动作的手段，但一定要突出主要的动作。

综合型组合动作是由多种不同肢体和不同技术动作类型编排而成的健美操组合动作。其目的是要巩固和提高不同类型动作的技术水平和动作连接技术水平，使学生适应不同动作的姿势、节奏、速率、幅度、速度和方向等方面的变化。如将上肢和躯干不同姿势动作再配合下肢的一些简单动作组成的组合练习，即属于综合型组合。

（二）健美操组合动作的创编要点

第一，针对性。创编健美操组合动作应根据教学内容和教学阶段的需要，有目的、有针对性地进行创编，选择的内容应该是学过的和已掌握的单个动作和基本动作，目的是为了熟练、协调、连贯地掌握各种类型的身体动作技术和发展某种身体素质，为成套操动作打基础。

第二，重复性。为了巩固和提高已学过的单个动作和成节操的动作，在创编健美操组合动作时，这些基本动作应在组合中多次重复出现。如躯干和髋部组成的不对称动作的配合在组合中可以重复出现或改变身体姿势反复出现。

第三，集体性。由于教学课人数多、课时短，进行健美操组合动作练习时，通常采用集体练习的形式，创编时可考虑两种集体练习的方式，一种是站成体操队形，在原地或有简单的身体位移，但没有队形变化的练习形式，这种方式可以全班一起进行练习；另一种是有队形变化的集体练习的形式，这种方式可以分成6人一组或12人一组进行练习，一般在教学的提高阶段采用这种练习形式。其目的是进一步培养同伴协调一致的集体主义精神。

第四，音乐的节奏鲜明性和完整性。为了提高学生的节奏感，进行组合练习时都应有音乐伴奏，不同类型的身体动作的组合所用的音乐节奏和旋律也不同。一般来说，在创编组合动作时应选择那些节奏鲜明、快速激情、容易理解，并为学生熟悉的乐曲，以便更好地掌握音乐节奏去完成组合练习；同时，创编动作时要充分照顾到乐句的完整性和乐段的完整性。

### 三、健身健美操成套动作的创编

（一）健身健美操成套动作的创编原则

1. 全面性原则

健康是人体美的首要条件，健美操是追求人体健与美的一项运动，其首要的任务是增进人体的健康。教师在创编健身健美操时，必须坚持全面发展身体的原则，所选择的内容要注意到对人体的全面锻炼，使人体各部位的关节、肌肉、韧带得到全面的发展，内脏器官机能（循环系统、呼吸系统、消化系统和神经系统等）得到改善。动作应包括头颈、上肢、下肢、躯干各部位的动作。头颈动作应有头颈的前后屈、左右侧屈、左右转动、绕及绕环等动作。上肢动作应有肩、肘、腕、指各部位的屈、伸、举、振、摆、绕与绕环动作。下肢动作应有髋、膝、踝、趾各部位的屈、伸、举、摆、绕、转、踢等动作。上体动作应有胸、腰各部位的前后屈、左右侧屈、左右转动、绕与绕环等动作。

另外，教师还可以选择走、跑、跳、转体、波浪、造型等各种不同类型的动作，以及在动作设计上要讲究对称性，也就是要求动作的结构是对称的。其目的是为了使身体得到均衡地全面性锻炼。

2. 动作顺序合理性原则

健身健美操成套动作锻炼的功效取决于该操动作编选、动作顺序的合理性。一般健身健美操成套的编排结构可以分为三部分：第一部分为准备动作，或者称热身部分。一般是先从远离心脏的部位开始。如踏步、进行脊柱的伸展以加深呼吸或从头颈活动开始，再进入主体部位的活动。要求动作柔和、速度缓慢，为完成整套动作做好身体和精神上的准备；第二部分为基本动作。一般先从头颈或上肢动作开始，再进行肩、胸、腰、髋、下肢和多关节部位的全身运动与跳跃运动，使锻炼从局部到全身；第三部分为结束运动，也称整理或放松动作。一般应选择一些幅度不大、速度缓慢、轻松自如的放松四肢和躯干的练习，使身体和脉搏尽快地恢复到正常状态。

健美操每套动作是由若干大节构成的，而每一大节由若干小节构成的。如肩部运动，可提肩，前后摆肩，肩部前、后绕及绕环，再配合不同的下肢动作，把肩部活动的每种做法做成一小节，再把若干小节构成肩部运动的一大节。每套动作的节数和每节动作的重复次数，应根据练习者特点和任务的需要而定，通常一套操由 14 大节构成。

3. 运动负荷合理性原则

健身健美操运动的总时间可根据任务、对象来设计安排。成套健身健美操一般为 3～4 分钟左右（适合于早操、课间操），也有 20 分钟左右，甚至 1 小时左右的系列健身健美操（健身中心的专门锻炼，适合课外活动）。但无论哪种健身操，其运动强度均应当符合健身指标区的要求，同时其运动负荷的安排也应当符合人体运动合理的生理曲线要求。运动强度可以划为三个强度区：当运动者的平均心率达到同年龄组最高平均心率的 60%～80% 时为健身指标区；达 80% 以上，则为运动强度大的强化训练区，是提高身体素质的有效区；在60%以下属于消遣活动，只起到一般活动的作用。

若使健身健美操运动负荷的安排符合人体运动的合理生理曲线要求，必须遵循人体运动的生理规律，即运动负荷由小到大、心率变化由低到高，波浪形地逐步上升，然后逐渐恢复到平静状态。相应地编排动作也应由易到难，速度由慢到快，强度由弱到强，逐步增加运动负荷，达到和保持一定运动负荷后，再逐渐减小。

4. 动作与音乐统一性原则

音乐是健美操的灵魂，一套健美操没有理想的音乐予以配合，是不会受到练习者欢迎的，因为健美操的特点和风格是通过音乐的协调配合而表现出来的。音乐的旋律和风格与动作的性质、节奏、风格以及练习者的情绪必须融为一体，否则就失去了健美操的艺术性。

音乐节奏快慢和强弱，旋律的优美和谐，关系到动作节奏的快慢、动作的力度、幅度的大小、动作的高低起伏及运动负荷的大小等。动作和音乐旋律协调一致，就会激发练习者的情绪，能给练习者带来愉快和美的享受，可以延缓疲劳的出现，达到健身和陶冶情操的目的。近年来，有的健美操音乐采用多种节奏和旋律，开始是缓慢的，中间部分快速而强烈，最后又采用缓慢的乐曲结束。

5. 动作设计创造性原则

健美操动作内容极其丰富多彩，动作素材来源于生活，从社会实践中获得的动作，通过精心的加工能创造出多种多样的、新颖的、符合时代特点的动作。健美操动作要不断地创新，才能保持其旺盛的生命力。创造性的动作设计要求新颖、独特。设计时要根据健身健美操的特点，将体操及舞蹈动作结合起来再创造，健身健美操的每节动作是以组合的形式出现，同时突出某个主要部位的活动。例如做肩部提、绕、绕环、转动动作，同时配合下肢的屈伸和髋部扭动动作。

另外，可以将一些动作素材通过改变开始姿势、动作方向、幅度、速度、节奏、路线等方法以及结合具体对象，创造出结构合理、实效性较强的新颖、优美的动作。成套动作中动作与动作之间的衔接上也要有创造性，衔接要巧妙，给人以流畅、新颖的感觉。

(二) 健身健美操成套动作的创编步骤

(1) 确定目的和任务。即明确创编什么样的操，具体的目的、任务和要求分别是什么。

（2）明确对象，拟订编操方案。明确对象的性别、年龄、身体状况、技术水平、场地器材条件等，即解决为谁创编操的问题。创编方案应包括操的名称、具体的目的、任务、要求、特点、形式、全套操的时间、音乐节奏、动作的难易程度、节数、顺序、运动负荷的大小、对身体各部位的特殊要求等。

（3）确定操的风格来设计动作。所谓风格就是说要有特色、有鲜明的个性特点。如迪斯科健美操，全套操以迪斯科的基本动作为基调编成的健美操。又如形体健美操是采用一些手臂和躯干及下肢基本动作的组合而成的健美操，该操以体现动作柔美、挺拔、柔中带刚而又富有女性曲线美的特色为主。确定了整套操的风格后，注意所选择的每一节动作风格要统一，切忌一套动作中出现风格各异、不协调等问题。

（4）确定选配音乐。音乐选配可采用代用音乐或创编音乐，不管是先选乐曲，还是后选乐曲，或是创编，都要求音乐的节奏、旋律和风格与动作协调统一。目前一般是先配音乐，然后按音乐节奏和要求去编排动作。音乐选配一般有三种方法：第一种可先选乐曲，按照音乐的节奏、特点、风格以及音乐的段落来设计动作；第二种是先编好动作，再请专家谱写乐曲。作曲家可以根据成套动作的节奏、风格、高低起伏配制乐曲，从而达到较理想的效果；第三种是先编好动作，后选乐曲，根据已编好的成套动作选择相适应的乐曲相配。一般采用的办法是先编好动作，再找现成的乐曲配合，这样不可避免地会出现动作与音乐旋律不符的状况。后选乐曲一般需要剪接，剪接时应尽量地保持乐曲的完整性，切忌不分段地任意切割。最后对编好的成套动作也要进行不断地修改，尽量使动作与乐曲和谐一致。

（5）确定成套动作的组织编排顺序和运动负荷。成套动作的组织编排顺序应由易到难。一般开始时安排一节热身动作或伸展运动，紧接着为头部、上肢、肩部、胸部、腰腹背部、髋部、下肢、全身、跳跃等运动，最后是整理运动。要注意统一各节动作的基本姿势和连接方法。这是一般创编顺序的规律，但也不是一成不变的。成套动作的运动负荷安排要遵循由小到大逐步上升，再逐渐减小的规律。要测定全套操的运动量，绘制运动负荷曲线图，进行运动量分析，对不合理的运动负荷部分作必要调整。

（6）记写成套动作。操创编好之后，要把每节操的图解和文字记写下来。记写的内容和顺序为：①写出每节动作的名称、节数及动作的重复次数。如第一节热身运动（2个8拍）；②绘制动作简图。简图应包括动作的开始姿势、每拍动作的主要姿势、动作路线和结束姿势；③记写动作说明。动作说明力求简明扼要，术语正确。先写明预备姿势，再写明每拍动作的做法和节拍要求，后写动作时，一般是先下肢后上肢，先左边，后右边，并明确指出动作的方向、路线和做法等；④记写做操应注意的事项。

（7）实验和修改。实验要有实验方案，明确实验的目的、要求和做法。实验时可以选择具有代表性的对象进行实验，收集各方面的意见，进行修改。实验时可以设计一个调查表，把各种情况记录下来，进行统计分析。

（8）定稿和推广。推广之后，应注意收集做操效果，为下一次编操积累必要的资料。

## 第四节　竞技健美操规则对创编的影响与对策

竞技健美操的规则由国际体操联合会根据人与运动的特点进行统一制定编制，一般情况下竞技健美操规则按照四年为一个稳定周期，从1994的第一套健美操规则发展至今已有六套健美操规则，最新的就是《2017—2020竞技健美操竞赛规则》，每一次推出新的竞技健美操规则都会使竞技健美操项目在不同程度上发生改变，每套规则都在难度动作的数量、分组指标和打分等评判标准上都在不断变化和更新。每次竞技健美操规则的变化都对竞技健美操的发展提出了新的要求。

### 一、竞技健美操规则对创编的影响

创编的含义是指我们运用主观意识，发挥能动性，再结合所知事物的特征进行再创造的行为。在进行创新竞技健美操的过程中应当充分结合其内在的规律和特征，遵循创编的基本原则，然后运用自身的理论知识对各个动作进行再创造和排序使其组合形成完整的体操套路。竞技健美操非常讲究整体性，是动作组合较多的竞技项目。如果想要使创编成套动作有效的达到竞赛的目的，仅仅把简单的动作生硬地强加在一起一定是不能够符合完整性要求的，创编该类动作的过程首先需要对其整体性的本质和特点有很好的认识，其次是对竞技健美操整套完整动作的各个细节有正确的把握，比如其时间、动作难度、音乐、内容结构、艺术性、空间、运动方式和风格特点等，需要把诸多因素完美融合并完整地、流畅地呈现出来的有机结合过程。竞技健美操创编的目的有提高人体的健康水平、改善精神状态、娱乐与表演和竞赛获取荣誉。

竞技健美操创编的指导思想是根据规则来决定的，最核心的是根据规则中的艺术和难度，并且创编者的素质高低也对竞技能力的高低产生重要的影响。竞技健美操创编根据的规则主要包含了内容多样性、套路完整性、动作流畅度、技巧过渡性、编排独特性和艺术创造性等方面的内容。其具体包含的创编的流程：整体构思—音乐的选择和制作—选择动作素材—确定基本结构—按创编原则组合动作—初步确定成套动作内容—修改与完善。

（一）音乐对竞技健美操创编的影响

音乐作为竞技健美操不可缺少的重要组成部分，它为竞技健美操动作本上赋予了更深层次的灵魂，它给竞技健美操带了活力。在竞技健美操创编中合理运用音乐会使得运动员身体与灵魂结合的十分完美，为成套动作的完整性增添神韵，为动作的发挥提供支持。成套动作必须在音乐配合下完整的表演出来。任何适用于健美操运动的音乐风格均可使用。这就意味着被选取的背景音乐需要展现出竞技健美操具体的项目特点以及体育的本质特征。同时在创编中注重音乐的使用也是对教练员重要的考验，在竞技健美操创编中要准确表达音乐带给我们的那份激情，在掌握音乐知识的前提下，在优质设备的支撑下，教练员和运动员需要多交流协商，首先按自己的竞技水平和意愿创作出符合个人气质和竞技水平所需要的音乐后再进行成套动作的创编，这样做就可以使得技巧动作与音乐结合更加流畅和完美，使运动员展现出朝气与活力，使成套动作充满激情与蓬勃生机。

1. 音乐的选择

人们易于沉醉在美妙的音乐舞曲之中，美妙的音乐可以让听众感受到震撼激动的情绪，音乐背景选择上需要先从片段的音乐当中把握住其最想展现的主体感受以及内在思想，进而细心去聆听音乐，细细品味音乐给人的享受，深入到其真实的情感中去，让自身聆听时的情绪以及音乐本身的感情色彩相融合，从而把握听众的反馈和感受。通过乐曲大篇幅激烈跌宕的节奏、反差极大且变换丰富的音乐色彩、复杂的韵律和音符的交叉层叠，运用主体出发的聆听之感悟结合创作人员的音乐取材背景，逐渐去感受和发觉隐含在背景音乐当中强大的情感源泉，进而把握创作乐曲的整体结构性、细微的情感变换，还有跳跃的音符旋律变换，此外对音乐的主题以及其发现和发展的过程可以展开深入的探讨。编排者要对音乐进行客观全面的了解才能给予评判和取舍，这个阶段的工作对于后期的创编有着重要的指导意义和奠基作用。编排动作和选曲无所谓先后，但一定要相互协调，竞技健美操的创编既可以先选曲也可以先编排动作，或者选曲和编排动作两个环节同时进行。

先选定音乐后进行动作的编排，也就是说首先进行音乐环节的动作，通过对于背景音乐的考察，比如说风格类型、音乐主题，以及音乐在播放时给人的韵律感受、舞台效果、转换变化的节拍能否适用于竞技健美操，能否符合其项目的性质，先把音乐定下来之后，在进行编排环节的工作，基于音乐的效果创编成套的动作。这个先音乐后动作的创编方式在世界各国也是时常被运用的。先音乐后动作的创编方式能够较大程度的保留音乐的完整表达的主体内涵、旋律自然舒畅的感觉、以及整体连贯顺畅的体验，这样会使得听众较为容易把握音乐的风格从而去欣赏动作。可是后期的动作编排就会显得比较困难，在选择和思考动作编排的过程当中时常需要和背景音乐的感觉做比较，看是否能够和音乐的主题相融合，这样一味地去遵循音乐的风格很容易造成动作的牵强之感，有的时候也会使得动作的连贯性缺失，造成观众欣赏的时候只看到动作的难度等级而无法看到动作的情感。因为有的场合我们仅仅对于音乐有一定的认识，但是动作的编排很难去配合一首完整的曲目，这样可能产生的结果就是为音乐伴舞，而失去了动作的内在美感，所以在采用先音乐后动作的创编方式时一定要注意动作的主导地位。

先进行动作的编排再选择合适的音乐，这就是和第一种方式完全相反的顺序，把动作的编排放在前面，成套的动作定下来之后再根据动作的节奏来挑选能够符合动作整体性的音乐，这样的创编方式会给音乐选择带来较大的难度。因为动作的编排可以随心所欲，可以充分发挥动作创编的创造力使得成套的动作一气呵成，但是并没有现有的音乐曲目能够完全符合这样的动作套路，所以往往需要花费较长的时间以及较高的费用去选配合适的曲目，大多数的曲目也需要进行较为复杂的修饰和改造等后期工作。这样的创编方式往往需要音乐方面付出大量的工作，并且受到音乐制作人员水平的影响，发挥不好的时候会让听众完全不能投入到音乐当中。可见，这种方式既增加成本，又难度高，而且收效也不怎么明显，所以越来越少的国家运用此法。

最后一种是音乐和动作的工作同时进行,这样的工作方式就是说一边进行动作的编排,一边进行音乐的选择和加工。所以在实际工作当中时常需要将音乐和动作进行对比,确保二者可以很好的配合彼此的风格和效果,但是这个方式的工作效率较低,时常需要对两个环节的工作进行调整和修改。优点是能够很好的发挥音乐和动作两者的创造性,缺点是音乐方面可能会较为缺乏连贯性,对于音乐制作人的水平和素质要求较高。

上述的三种创编的方式都有着各自的优缺点,所以在具体的工作当中还是要根据工作团队的实际工作能力以及条件进行衡量,从而选择适合实际情况的工作方式。

2. 音乐的风格

竞技健美操音乐和其他领域的音乐截然不同,音乐的选择方向较多,主要有爵士乐、摇滚乐、迪斯科、民族民间音乐等音乐风格,这样能够给运动员较大的创造空间以及动作更全面的表现力。音乐的表现力可以增强动作的感染力,因为观众的心情可以因为音乐的表现力而受到影响,往往好的音乐能够让观众看比赛的时候产生非常强烈的共鸣。

竞技健美操运动的在选择背景音乐的工作中应当尽可能地使音乐呈现出多样的风格和魅力,因为音乐可以帮助动作增加内在的情感和感染力,所以多种的音乐风格均可使用,尽量选择能体现出竞技健美操项目特点与体育运动性质的音乐。在音乐的选择上应当注重音乐对于动作的烘托作用,此外还要查看运动员对于不同音乐类型的把握,最后结合成套的动作来选择成套的音乐,这样才能有助于构建成套动作结构与节奏,利于创编主题的表达,才能够支撑烘托动作表现,能够传达运动员所想传达的理念并且突出项目和个人的特点,这样才符合创编相应项目与年龄特征。音乐风格成就竞技健美操成套动作的完整性和主题内涵。

3. 音乐的主题

音乐的主题是指表达主题思想、基本情绪或人物性格的音乐。不同性别、年龄以及项目的运动员选择音乐的主题是有区别的,应该在音乐的选择上有所体现,比如,男运动员选择的音乐就要大气阳刚,女运动员可以选择柔美灵动的音乐。

在音乐主题的选择上,尽可能地做到鲜明的原则,因为只有鲜明的音乐才能使得动作的编排有明确的情感线索,也才能使得观众产生共鸣。好的音乐主题能体现在成套动作完成的效果，同样动作能否诠释音乐需要音乐主题体现出音乐的律动性，动作的速度、流畅、结构、强度、激情都能在音乐伴随下表现出来，所以好的音乐主题能带动难度动作的发挥。在创编时要注意音乐主题要适用于表演运动员的年龄层。要注重音乐主题和动作是否有同一性，音乐主题情绪的表达与成套动作主题是否完美契合，动作与节奏、节拍、旋律是否和谐一致，避免成为背景音乐。

4. 音乐的节奏

音乐的节奏是指音乐运动中音的长短和强弱，音乐的节奏常常被喻为音乐的骨架。竞技健美操音乐的特点是音乐节奏需要强劲有力、节拍清晰，通常跳跃性节奏的音乐更具有感召力，为成套动作带来活力，为运动员给予动力支撑，往往音乐节奏要符合成套动作的主题，音乐旋律优美可以振奋运动员情绪从而增强竞技健美操成套动作给人的享受。音乐节奏对于音乐整体而言是重要的变现形式之一，节奏对于动作而言就像是指挥家，所以音乐的节奏影响着动作的节奏与速度。音乐节奏的强弱变化为成套动作的力度和起伏创造了内在条件，同时，节奏分明的音乐具有调动着竞技健美操动作和使人体脑细胞兴奋的作用。

音乐的四大要素：强弱音、高低音、音的长短和音质。动作的基本构成：动作的位置、动作的路线和动作的节奏。如果音乐总不符合动作节奏，很容易造成动作失去较好的完整性和流畅度，那么就是动作的减分项。句法是音乐基本表现手段之一，2个小节为一个乐节，4个小节为一个乐句；乐句分为前乐句和后乐句，前后乐句为一个手段；2/4拍的音乐一个乐句与另外一个8拍动作相对应，4/4两个小节与一个8拍动作相对应，不要破坏音乐的完整性。音乐节奏是音乐时间长短的组织关系概念。强拍的概念在我们做健美操动作时候是非常重要的。成套动作的发力点要与强拍相吻合，也就是我们通常说的合拍；竞技健美操的8拍和音乐的节奏是相对应的，一般来讲是动作的1拍对应音乐的1拍。

5. 音效的使用

通常在竞技健美操的背景音乐当中要加入和谐音效，因为此类背景音乐需要体现出运动员动作的美感和力度，所以和谐的音效能够使得节奏更加的明显，同时给观众带来听觉的震撼以及视觉的冲击。音效其实就是一种加强的手法，任何需要添加具有表现力和感染力的片段都可以通过添加音效来实现预期的效果。所以在运用音效的时候，一定要注意找准时机，把握节拍，使得运动员的动作可以通过音效显得更加有表现力度。

创编者在使用特殊音效的时候,首先要和音乐节奏融合,特别是用在动作连接处或者难度动作中,如鼓、击掌、拔刀、敲击音、闪电、物理移动音、对剑、踏步、口哨,还有合成音等等。被运用最广的要数敲击音和鼓。例如,运动员在踢腿时或者分腿跳时就可以使用适当的音效,一是能够促进运动员对动作的完成,也有利于对下一个动作的发挥;二是能够给裁判和观众听觉上的刺激,提高注意力。竞技健美操离不开好的音乐,更离不开好的音效。音效与成套动作有着紧密的联系,与健美操的节奏相辅相成,能够很好地体现出音乐的含义。

6. 音乐的剪辑

音乐的剪辑对于竞技健美操成套动作的完成和流畅度起到了重要作用,何时快节奏的动作伴随快节奏的音乐、使得慢节奏时也是恰到好处才可以。音乐的剪辑需要首先考虑创编成套动作的整体构思,这样才可以有效、有目标地选择音乐去剪辑。当拿到合适的音乐时需要反复去播放和听这首音乐,去感受它在表述什么思想,开始的节奏,发展的过程和结束过程的节奏,特别是要注意不同音乐直接与动作连接与过渡直接的关系。然后确定自己所需要的音乐段落,想清楚如何使这些段落完成连接和过渡,最好达到衔接自然、流畅、有创新点。编排出一个包含开始、过程与结束的完整动作,最后可以通过专业的设备进行剪辑与编辑。

音乐剪辑的好坏对竞技健美操成套动作起到至关重要的作用,音乐好的剪辑会体现出成套动作连接与过度的流畅,好的剪辑会表现出成套动作节奏快慢的起伏,展现出创编的主体思想。音乐的剪辑有两种,一种是同一乐曲的剪辑,另外一种是两首或两首以上音乐的剪辑,竞技健美操剪辑步骤如下:

(1)按音乐的曲式变化画出节拍表,并且在音乐有明显变化的地方画出标记。

(2)找乐曲是否有特别的节奏点。例如,曲目当中,有的片段会出现明显的停顿,或者有的地方加入了特殊的衔接效果。在这些地方用特色符号标记出来。

(3)反复找寻曲目当中出现的相似片段,在这些重复的环节点用一种统一的字符进行标记。

(4)必须要在剪辑之前进行预算的估计,剪辑应当合理。一定要围绕成套动作创编的构思进行剪辑。

## （二）操化内容对成套动作创编的影响

操化动作是在特定的音乐背景之下，通过手和脚的肢体动作，将音乐的节奏、美感、流畅以及高低不同的动感展现出来，这些动作是运动员必须要在成套动作中完成，因为它是竞技能力的体现以及该类比赛的特色。

操化组合需要融会贯通在成套动作里面，竞技健美操基本基础是操化动作的规格，完美的技术非常重要，必须通过动作多样性展示出身体协调性。一个完整的操化组合就等同于创编了完整的 8 拍，操化动作的多样性、复杂性充分体现了竞技健美操操化组合数量之多，强度之大。

操化动作要注重平衡和均衡，同时运用 7 种基本步伐和手臂动作的基础上，以高超的身体协调性展示良好的技术和动作质量。7 种基本步伐与变化包括：踏步：包括角度、高度、速度、节奏的变换。后踢腿跑：其中有角度、节奏以及速度的变换。吸腿跳：其中有各个空间、速度、高低强度、节奏、角度的动作。踢腿跳：其中有各个空间、节奏、方向、高度、高低强度的动作。开合跳：其中有髋膝关节角度的变化速度、高低强度以及进行了节奏变化的动作。弓步跳：其中有各个空间、速度、高低强度、角度、节奏的动作。弹踢腿：其中有各个空间、高低强度、速度、方向、节奏、角度的动作。

通常操化单元最好不要运用一或两个类型的步伐动作，尽量满足多样化以及流动性的要求，每个操化单元最好是运用至少三个以上不同类型的步伐编排成组合，五人项目的操化通常要符合队形跑位的需要，因此各个步伐方向和角度都绝不能一成不变，应灵活变化的使用步伐加以组合。特别要注意的是：在成套的展示动作里面，操化单元一定要表现出不重复、不同特点的步伐和手臂动作，一定不要产生重复或雷同的操化单元。全部的基本步伐一定要加入成套里面。要满足多样性的要求，最好是每 8 拍操化中加入至少 3 种基本步伐，重复的基本步伐最好不超过 2 次。如果达到了每 8 拍操化动作多样的特点和要求，那么就可以帮助加大动作的复杂程度。

竞技健美操队形的创编基础是通过转体面向的不同，队形和路线的展现同样有区别，操化单元在加入多种转体的时候，步伐和手臂动作的编排应当协调，不应当产生顿挫、停滞的情况，手臂动作和基本步伐应当相互协调，达到完整顺畅的视觉感受。

竞技健美操是以操为主体，串联既定的难度、过渡与连接、托举与动力性配合等动作元素的综合性运动项目。操化动作的创编特点直接影响整套操的风格、韵味，操化动作的创新、多样性也直接影响到整套操的艺术性、观赏性与竞争力。在创编时，应选择与音乐风格相匹配的操化动作元素，用动作诠释音乐的内在情感，融操化和音乐为一体，进而有效凸显成套动作的观赏性、艺术性。

（三）主体内容对成套动作创编的影响

成套动作主题内容涵盖：动力性配合（身体接触与合作）、托举、过渡与连接以及团队协作，成套动作中至少包括4个主体内容的动作。主体内容复杂多样性也会影响到成套动作完成的流畅性。身体多部位同时参与被认为是复杂的，有些动作运动员较难完成，与简单定做相比应获得高分。（复杂的动作二高分、简单的动作二低分）。复杂动作需要长时间的训练才能掌握，还需大量前期准备工作才能获得身体各部位的协同能力（体能训练、生物力学分析分解和系统分析、训练进度等）。

1. 过渡与连接

在成套动作中，过渡与连接动作不是独立存在的，作为成套动作具有的技术亮点之一，是否具有均衡合理的过渡与连接动作对成套动作的整体呈现与完成质量有直接的影响。同时，基于与人体运动规律相符的前提，过渡与连接动作能够实现对体力的经济、合理的分配，从而确保完美展现出动作效果。

过渡与连接动作的流畅性是对成套动作过程中运动员具有的进行一系列动作能力的检验，因成套动作中的难度动作有部分为地面动作，此时就可以检验在空间转换方面设计的过渡与连接动作是否具有流畅性，不出现停顿，保证成套动作的流畅性。同时还要保持操化内容连接与过度的流畅性：①动作与动作之间的连接必须流畅；②所有动作的连接不可出现不必要的停顿；③动作不能出现疲惫感或显得沉重；④动作应呈现出灵敏性；⑤调整成套节奏，让主要的难度动作得以充分延伸和展示；⑥过多的停顿会使得流畅性不足。

所以，在创编时，运动员与教练员首先需要对过渡与连接动作的连续性问题予以考量。复杂、高强度情况下，突出强调艺术性的动作组合的创编。

2. 托举与动力性配合

集体操成套动作中，托举与动力性配合是其特色之一。当前，对于托举与动力性配合，竞技健美操更为注重的是独特性与创新性、多种动作在不同空间层次的复杂变换以及整体的艺术性和视觉冲击力。成套托举中，托举仅计算一次且给予一分的分值，最高为 1.0 分，由裁判长评分。同伴配合中的内容：托举高度在肩部以下则为同伴配合，不能算作有分值的托举（必须有不低于两个同伴接触，且其中一名运动员以同伴作为重心支撑离开地面了便认为是托举，更改为如果托举高度在肩部以下哪怕运动员以同伴作为重心支撑离开地面也视为同伴配合并且没有分值）。

托举与配合动作分为低姿态、中姿态、高姿态，穿梭于低、中、高三个空间层次中。3 个空间层次，不仅能够组成双复合空间（6 个）与三复合空间（12 个），还能够组成其他多空间组合形式。托举动作最多的是中姿态，配合动作最多的是站立位置的高姿态和地面位置的低姿态。

托举在不同空间层次中显示不同的特点。比如低姿态托举时重心与地面接近，体现平衡稳定的力量，易于控制，更多的是体现横向层面的扩张。底座可利用身体的其他部位如臀部、背部等触地，给被托举者足够稳定的重心完成一系列的动作。中姿态托举体现控制的技巧，不仅有强烈的立体空间感，也有很大的横向层面感，中姿态是处于站立位置，很方便进行平面位移、迅速变化姿态、身体相对位置和面向的变化，可充分体现运动员之间聚散、高低，显示点、线、面与立体空间具有的独特关系。高姿态托举是对力量感与空间感的反映，在高姿态中，能够完美地呈现出空间的支配感与立体感。

在托举与配合动作中，轴的转动包括矢状轴、额状轴和纵轴。运动员的身体某一部位如腿、上体等亦可绕轴进行运动。在转动时，身体可处于矢状面、额状面和垂直面内，以便进行多样性变化。在托举与配合动作绕轴编排时，须在规则的要求下完成。在编排绕复合轴运动的托举与配合动作时，可以利用运动力学和运动生理学的知识来科学创新。既可以从横面上巧妙利用三轴的综合运用，也可以加大绕轴的转动的角度来增大难度，前者注意动作的美观和巧妙，后者加大难度和观赏性。

新规则中规定托举动作为 1 个且有分值。由于对托举动作存在的动作方法复杂、空间层次变化大等因素的考量，编排者在创编时通常会采取均衡分布的方式安排在成套的开拓、中端与结尾，以使得在视觉层面保持成套动作的均衡性。分析成套比赛能够看出，成套动作的起始通常为配合或托举动作，而结束也一般以托举动作居多，这样能够给人以戛然而止的感觉。而中间托举的安排会随着音乐的乐段或动作的流畅性而发生变化。在成套中，托举动作位置的安排是对动作创新有重要影响的因素，新颖的配合放在开头能够产生令人惊奇的感觉，前后托举若是具有较大差异的表现形式，则其在成套中的厚重感与高度感会被弱化，此时可以适当地压缩托举间的时间间隔，就可以使人感受到多样性变化。

在体育运动学科领域，通常动作技术与动作方法是存在相关性的，它反映在完成动作时的用力大小、用力顺序、用力形式与用力方向等，影响动作做法的因素有动作的方向、人体所处的位置、作用的身体部位等，如用跃这个动作做法完成托举时，可以采用向后、前、侧，成倒立位、水平位或斜位的姿态等。

最大数量的选用动力性与静力性相结合的动作作为托举动作，运用自身具有的优势，确保创造出的托举动作的独特性；全面发挥第二、三次托举具有的作用，不断地推动成套动作迈向高潮；强化对场地空间的运用，对平面区域的对角线、弧线以及边缘的使用率都要增加，特别是弧线与对角线，增加新颖性；不断创新空间转换类型，增加各种空间转换类型的使用。在混双中，托举与动力性配合不仅是体现力与美的动作，同时更是传达男女运动员情感的桥梁。在进行混双托举与动力性配合的创编时，应注意增添男女运动员情感交流的动作，在三人和五人操中，托举与动力性配合是艺术评分的重要指标之一。所以，在进行三人与五人托举与动力性配合的创编时，应注重选择具有独特性和创新性、空间层次感强、复杂多变、能给人以视觉冲击和美的体验的动作。建议：在选择托举与动力性配合时，应根据音乐的风格特点，选择能够体现音乐内容的动作，从而增强成套操的整体性和艺术性。

3. 团队协作

竞技健美操比赛项目有混合双人操、三人操和五人操等。因人而异表现为编排主体内容过程中，要充分考量运动员具有的实际水平，不对高难度的过渡与连接动作有盲目追求，避免因质量方面的不足而对最终成绩产生不利影响。同时，也需要对运动员自身的特点予以考量及尊重，最大化发挥出运动员具有的优势，使得其具有的独特风貌能够更为全面展现出来。譬如：若是运动员具有其他方面的运动基础，则可以是适当的改变动作元素与技术动作类型，将部分元素加入过渡与连接动作中，这样不仅可以起到过渡与空间转换的作用，也能够使得其更具有独特性；若是运动员具有较好的柔韧性，则可以将摆腿、劈腿等动作加入过渡与连接动作中，这样不仅反映出动作具有的力量性，还是对运动员的软开度与柔韧性的显著展现。

在竞技健美操成绩评定方面，配合度也是考核的标准之一。所以，对于该项运动而言，团队合作也是重要内容，要在心态方面对运动员加强培养。对于运动员而言，要在竞技心态与综合身体素养方面不断提升，以新规则作为导向，使得自身的竞技水平得以最为充分发挥出来。在对运动员的动作表现力方面予以提升的同时，还需要强化团队间的配合，不管是互动频次还是频率都需要强化，在编排动作方面，编排人员需要对动作的衔接以及与运动员配合之间的关系予以关注，使整套动作融入最佳的组合状态中。

（四）空间利用对成套动作创编的影响

对于竞技健美操比赛而言，场地空间是队形运用的场地以及比赛区域，它体现了成套内容的分布情况。而且队形是指队员的站位位置的变化方式、队员之间的距离、展示不同的队形与位置；队形对于竞技健美操评分也很重要，所以队形变化要流畅。

竞技健美操 2017 版规则中比赛场地的规定是 $10 \times 10 m^2$，将 $10 \times 10 m^2$ 的场地以九宫格的形式平均分成九个区域。因为规则中只要求到达场地的角和中间五个区域，且同类动作需要有多样性的运用区域，譬如：在进行地面动作时，运动员需要在不同区域完成。在对成套动作空间层次的运用与编排方面，创编者要防止与优秀标准偏离，实现对空间的科学、合理的运用，需要均衡分配成套动作内容，细化场地空间的使用，达到适度、平衡地使用竞赛场地。

对于空间而言，竞技健美操规则将其分为三类：A 地面、B 站立、C 腾空，在比赛中，运动员能够实现对场地内三层空间的最大化利用不只是对运动员良好控制力的显著反映，也是视觉层面成套动作具有的冲击效果得以展现的重要内容。基于竞赛规则，可使用五种类型来对空间进行划分：A-B、B-A、B-A-B、B-C-B、B-C-A。

（五）艺术表现力对成套动作创编的影响

艺术性是指运动员把一个具有良好结构的成套动作演绎成艺术表演，此过程中在考虑运动性别差异（男、女、年龄组）的基础上通过高质量完成来充分展示自己的能力。

竞技健美操的艺术性包括许多方面，不仅有所选动作素材的艺术性、成套动作编排的艺术性、音乐编辑和运用的艺术性、运动员完成质量的艺术性同时还包括场地空间运用的艺术性、队员之间巧妙配合的艺术性、队形之间自然转换的流畅性、成套动作对音乐内在情感诠释的艺术性以及运动员的表现力（指的是运动员真情流露下的演绎，而并非过度的面部表情和夸张的肢体动作）等等。

2017版新规则较上一周期而言，虽然在大的艺术评分内容上没有发生任何变化，但在评分标准进行了新的调整、归纳和总结，最终又重新把评分标准划分为10个评分点，新规则虽然减少了评分标准的数量，但是具体的评分事项上却丝毫没有减少，甚至还增添了一些评分事项，比如主体内容的流畅性以及艺术性中的表现力与原创性等，在创编时，运动员与教练员需要力争每一个细节的完美，力求极致的展现整套操的艺术水平。

（六）难度动作对成套动作创编的影响

难度动作存在于竞技健美操的整个过程，在其中占据着核心的位置，它既象征着运动员的竞技水平，也是评分整套操的主要标准。伴随竞技健美操规则的完善，成套难度的数量也在逐步减少，运动员要想在比赛中制胜，难度动作的选择、编排以及完成质量便是考虑的重点所在。

在创编成套动作的过程中，首先，编排者需对难度动作命名的分类进行充分了解，避免出现难度动作重复，导致扣分。其次，纵观近年来世界各地大型竞技健美操比赛，发现低分值难度动作已经形同虚设，几乎不为运动员所用，这说明竞技健美操高分值难度的比拼已经拉开了帷幕，且成套动作难度数量减少（集体性项目）为9个，要想在比赛中制胜，教练员在编排过程中，根据运动员的技术水平，尽可能选择优势组别中高分值、高完成质量的难度动作，增强成套竞技性，已经是必然趋势。

2017版新规则指出，成套动作中所选择的难度动作，允许2个或3个不同根命组的难度动作直接连接，而技巧动作也可以与1个或多于1个难度动作进行连接，这两个规则的实施，标志着成套动作的难度组合或难度与技巧动作组合已经在新的层面上展开了更加激烈的竞争，要想提高成套动作的竞技性和观赏性，教练员和运动员创编过程中，就应根据运动员技术特点、优势所在，加强动作组合或技巧动作与难度动作组合的使用，从而提高比赛成绩。

所以根据难度动作的变化和新规则难度动作的规定，可任意三个组别且每个组别至少一个，同时难度数量减少至9个（集体性项目），这样一来就导致教练员在编排过程中供运动员选择的难度动作的数量减少、范围缩小，所以需按照运动员技术水平尽可能选择优势组别的难度，可选择分值高、完成率高的，能绝对展示运动员长处的难度动作。由于成套时间缩短，运动员的体能有充沛的保障，在编排难度动作的过程中，可任意选择三个优势组别且难度分较高的难度动作分别在三个时间段，保证难度动作系数均等或者递减，因为随着体能的下降，完成度可能降低。为紧跟竞技健美操的发展趋势，教练员在进行成套动作编排时还需做到与时俱进，根据运动员的技能水平与风格特点，大胆加强新增难度的使用，提高成套动作创新性、独特性和竞技性。

## 二、新时期竞技健美操创编的对策

### （一）把握音乐主题，合理安排成套内容

选择和成套动作能够完美结合的音乐风格，既能提升动作的感染力，还能形成听觉冲击，使观众的情绪得以带动。比赛音乐需符合思想健康、与表演者年龄相符的标准。所选音乐应内容丰富、节奏清晰。教练员和运动员要学会对音乐的聆听和理解，在创编中建立其对音乐风格、主题的了解，了解音乐优美的旋律、震撼的音响和丰富的节奏，并应用到比赛中；教练员和运动员也要理解和分析音乐，对此次比赛选用的音乐为何要这样表达、用什么方式表达进行思考。这就需要了解音乐的结构、高潮、风格、乐思和过渡，在积累经验中应用到比赛和成套动作的创编中，达到人乐合一的境界。

成套动作需依照比赛规则，以成套长度以及场地的需要为参照进行合理且严格的分配。成套动作中的操化动作需均衡分布，不得连续出现多于 4 个的操化单元，不得出现多于 3 个无操化单位穿插的难度或者其他动作。动作必须在赛场均衡分布。4 个 8 拍的动作连续停留在一个空间完成，场地空间起评分为 1.7 分，每增加一个 8 拍，起评分依次递减为 1.5 分，1.2 分；此评分方法适用于 3 个 8 拍以上的操化组合、3 个以上难度，3 个 8 拍操化组合与 D 组难度的连接。

比赛区域与队形的运用在整个成套的当中，路线需对所有短距离（长或者短距离）与方向（横向、向前、对角线、向后与弧线等）进行展现，尽可能地避免出现轨迹和路线的重复。集体项目只占用场地是无法满足评分标准对比赛使用空间所提要求的，运动员必须对各操化动作在各个距离与方向上的移动进行运用。场地有效运用，不仅涉及对赛场中心与各角落的运用，还涉及对赛场整个空间的运用。比赛区域内的所有空间（地面、站立、腾空）都必须充分被利用。一个完整动作的表现体现了创编内容的合理性，场地的极大运用也体现了运动员选择动

作难度的多样性,这就是成套内容与场地利用成正比关系,同时新规则也在鼓励运动员努力提高个人技术,发挥竞技水平和特点。

(二)合理设置难度动作,加强动作创新性

竞技健美操难度动作有很多,每一个难度动作都需要达到一定的技术水平,因为运动员存在个体差异,每个人的技术水平不一,所以在进行成套动作创编时要考虑到运动员自身素质条件的因素进行创编,技术水平高的可以相对选择难度动作大的项目进行创编,相反技术水平薄弱的需要努力训练,合理利用规则对自己的成套动作进行创编。同时还需重视成套当中的9个难度动作的具体分配。新周期竞赛规则不仅减少了难度个数、还缩短了成套时间,将重点置于动作的均衡性分布上。所以,不能在某一段落对难度动作进行集中分配,特别是不能将其过度集中在成套动作的前半套当中。

2017版竞技健美操规则中规定集体类项目只需要设计1个托举动作,而在有氧项目中托举动作可做可不做没有分值,不鼓励做,也不禁止做,做好了不给分,做不好相应会扣分。所以在创编的时候要充分考虑到成套动作的主题和音乐主题的选用,更重要考虑的运动员自身身体素质水平的高低进行创编,在现代竞技健美操不断发展的同时,如何设计托举动作也成为比赛重点,创新托举动作会使得成套动作的发挥有了亮点和焕然一新的感觉,托举创新一定要在符合新规则下去进行设计,可以源于许多体操类动作,创编者需要观看许多比赛录像和当今国内外设计的托举动作进行设计,突出主题,新颖又不失内涵。2017版竞赛规则当中因技巧动作的加入以及违例动作限制的放宽,使得选择托举动作的空间扩大,所以教练员和运动员要熟悉规则的变化,然后根据个人特点进行协商创编符合个人和成套动作主题的托举动作,不能盲目增加托举动作的难度,容易在比赛中出现失误和不团结协作的现象,还有可能出现运动员受伤的情况。

(三)提高动作观赏性,增强艺术表现力

确保竞技健美操成套动作流畅与完整的关键在于过渡和连接,由于过渡和连接动作是为了衔接整体动作而产生的,现代竞技健美操对于过渡与连接的要求没有特别严格,所以在一定程度上给予过渡与连接动作创编的发挥,发挥其创新性,但过渡与连接不能过于复杂,影响成套动作的创编。过渡与连接也要符合音乐的节奏,在音乐节拍过渡处尽量体现过渡与连接的重要性。2017版规则中指出:过渡与连接简单动作给分低、复杂多样的给分高,我们也可以从中看到竞技健美操的发展趋势，只有创新才可以引领竞技健美操的发展。所以，在创编成套动作时，需考虑到过渡和连接加入脚步与手臂的运用，并且不得太过简单，否则相应得分就低。尽可能发挥创新思想，结合我国传统体操项目优势，融会贯通，使过渡与连接有更大的发挥空间，复杂而合理的过渡连接不仅可以获得相应高的评判分数，而且新颖、复杂的过渡与连接动作会使竞技健美操的比赛更具有观赏性。

艺术性指的是运动员将结构完整的成套动作向具有艺术性的表演作品转换的能力。所以，团队成员在完美完成相关动作的同时，还需对表现力、乐感与团队协作关系予以展示。运动员需将体育同艺术结合起来，使其转为具有吸引力的信息并以体育的方式向观众传递。独特的、令人印象深刻的成套动作都包括许多细节，用于提高成套动作质量。影响竞技体操项目艺术表现力的元素有许多，比如：团队配合、多样化动作的完成质量、表现力、音乐的使用等。

# 第五章　健美操基础技术训练及其发展

## 第一节　健美操技术训练原则与内容方法

### 一、健美操技术训练的原则

（一）直观性原则

健美操技术训练的手段和方法有很多，其中，在健美操技术训练中更强调对直观性原则的运用。

对于初学者，多采用直接示范，到了一定水平后，可采用图解、录像、直接观摩优秀运动员的表演和比赛等手段，结合恰当的比喻、形象的讲解，以及教练员对运动员动作技术的观察分析，经过研究讨论，启发他们的积极思维活动，并进一步找出完成运动的规律性；也可用语言信号、助力、固定身体姿势或慢速做动作，体会空中的方位、肌肉用力等。

（二）周期性原则

周期性原则是指整个训练过程要按训练阶段组成的运动周期循环地进行。周期性原则是以竞技状态的客观规律为依据的，后一周期应在前一周期的基础上提高，从而创造出最佳成绩。每个训练周期或不同的训练阶段，都有具体的任务、内容、负荷量、手段和方法，彼此间既相互独立，又相互衔接。

在健美操技术训练中，贯彻周期性原则时，应根据主要比赛任务和对象特点，合理安排多年或全年的训练周期；注意周期间的衔接，后一周期建立在前一周期的基础上，使每两个周期间都能"承上启下"，确实抓好每周的"小周期"训练，不适之处应及时进行调整。

（三）系统性原则

常年和多年不间断地进行系统训练，是不断重复和巩固运动技能的需要，是运动技能系统化积累的需要，也是健美操运动员取得优异成绩不可缺少的一环。

多年系统训练和周期训练是贯彻系统性原则的重要手段。在贯彻该原则时，要明确目标，做到身体训练与技术训练相结合；注意训练周期的安排，做到循序渐进；接近比赛期时，要有调整运动量的措施，使在比赛前达到最佳竞技状态。

（四）全面训练原则

全面训练与专项训练紧密结合可以获得最佳的训练效果，运动员得必须注意加强身体素质的全面训练，长时间只从事健美操专门训练，则不利于其身体素质的全面发展。将专门训练与全面训练、身体训练与专项技术训练结合起来，把已提高的身体素质保持下来，并应用到技术训练中去，是十分重要的。

一般说来，训练初期身体训练的比重要多些、广些，到一定水平后再采用健美操的基本动作作为专项训练的重要手段。全面训练的手段要多种多样。开始阶段可采用田径等项目进行全面身体练习，到一定时候再加强与专项技术发展关系大的内容的练习，如辅助性、诱导性和专项基本功的一些练习等。

（五）区别对待原则

不同的人具有不同的身体素质和运动技术水平，这就要求在健美操技术训练中始终贯彻区别对待的原则。区别对待是调动运动员的自觉积极性、发现和培养有前途运动员的重要原则。发展到现在，健美操运动分为单人、混双、四人、六人等项目的比赛，在训练中贯彻区别对待的原则显得尤为重要。区别对待原则必须反映在训练计划及训练的始终，使训练任务、内容、手段、方法和运动负荷，符合运动员的个人特点，做到有的放矢。

在竞技体育赛场上，"全面型"的运动员是不多见的，教备员只有对运动员的情况了如指掌，才能在个别对待中做到扬长避短，当机立断，而健美操技术训练也同样如此，对于那些在某些素质和技术上不足的运动员，应加强薄弱环节的训练，尽量提高运动技能。

（六）合理负荷原则

所有项目的运动训练都要遵循这样一个原则——运动负荷的安排要合理，符合个人身体素质以及运动项目发展的规律。

从机体超量恢复理论可以得知，按照任务、对象等的不同，逐步而有节奏地加大运动负荷，直至运动员所能承受最大限度的运动负荷，是不断提高运动训练水平的一个重要手段。在严密组织、合理安排和良好的医务监督下，少年儿童的训练逐步加大运动负荷是可行的。大运动量训练要贯穿在全年、多年的训练计划中，注意大、中、小运动量相结合，应按照加大适应—再加大—再适应的过程发展。在加大运动量的过程中，应该特别注意考虑到运动员的年龄、性别、体制、训练水平、意志品质、思想状态，以及有无伤病等诸因素。在业余训练中，由于时间和数量常受到限制，运动量的调节主要靠密度、强度来进行。在以强度调节运动量时，要考虑局部负担是否可行。对某些在技术上需要精细分化的练习，不宜采用大运动量的训练。

## 二、健美操技术训练的内容

（一）安排训练时间

训练时间的长短是决定训练强度的因素之一，对于健美操训练而言，训练时间的安排也要符合人体发展规律，除每次练习的时间外还要关注在一天中的什么时段进行训练效果最好。对于每一次训练课来说，也要对不同时段的身体状态合理安排时间，如为了充分调动起人的身体快速进入较好的运动状态，就要在训练课正式内容开始之前安排一定时间的热身运动或准备活动。同时，还要摸索符合自身运动训练的规律性，即在训练时能很快调动起机体的兴奋性和锻炼后感到舒适为准，然后争取每次都在这个时间进行训练。在经过长期规律的训练后，可以使机体产生一系列适应性变化，让身体各器官机能在锻炼时充分调动起来，以达到锻炼的最佳效果。

就具体时间安排而言，在条件允许的情况下，锻炼最好安排在下午 3~6 时，这个时间段避开了进午餐后的肠胃消化阶段。在饭后两小时，食物经过消化吸收，进入血液循环，对组织细胞的能量代谢起到化学刺激作用，这时人体产生热量最高，有利于锻炼时能量代谢成倍的需要。人体生物钟一般在此时使机体处于最佳状态，精力充沛，运动量可以加大。锻炼后，人体需要充分的营养和休息，晚饭和晚上睡眠正是对体力消耗和疲劳机体的一种及时补充和休息，同时也有利于肌肉的增长，巩固锻炼的效果。

在训练结束后，应休息 30 分钟左右后再进食。因为运动时体内血液集中在运动器官，胃肠消化处于相对缺血和抑制状态，不休息而进食，则得不到很好的消化和吸收。

如果在晚上进行锻炼，则要在临睡前 1.5~2.5 小时结束运动，以免因锻炼引起过度兴奋而影响睡眠。每次锻炼时间的长短与锻炼的强度有直接关系。刚参加锻炼时，每次锻炼时间在 45～60 分钟，锻炼两三个月后，注意观察和体会身体反应，如果感觉身体状况良好，每次锻炼时间可增至 90 分钟。因此，可根据个人情况，将每次锻炼时间控制在 45～90 分钟，建议每周练习三至四次或隔天练习一次，都能达到良好效果。

（二）安排训练环节

尽管健美操运动不是高对抗、高消耗的运动，但是它对于人的身体素质的全面性有着较高的要求。在健美操技术训练之前，教练员要细心安排好训练中的每一个环节，特别是不要忽视准备部分和结束部分的热身活动与放松活动。

热身运动的作用在于使机体从安静的抑制状态逐渐过渡到活动的兴奋状态，促使心脏功能加强，使血液循环和气体交换得到改善，新陈代谢旺盛，以便更好地适应训练时的生理需求，使人从身心两方面都对即将到来的训练做好准备。同时使肌肉、韧带、关节都得到活动，神经系统的兴奋得到提高，使整个机体由安静状态进入工作状态，为即将进行的较为剧烈的身体活动做好各种准备，从而提高机体的工作效率，并可避免或减轻心慌、气喘、出冷汗、腹痛和动作变形等现象，防止肌肉、韧带和关节出现损伤。

一般热身准备活动是从深呼吸开始的，遵循从脚到头的顺序，各关节、肌肉都应得到活动，动作轻松自然，舒展大方。热身时间的长短、活动量的大小应根据天气情况而定，热天时新陈代谢旺盛，身体容易活动开，时间可短些；冷天时血液循环比较缓慢，肌肉、韧带和关节僵硬，不够灵活，因此活动时间要稍长些。一般情况下，热身运动的时间应控制在总锻炼时间的 20% 左右，做到身体感觉发热，微微出汗为宜，这时全身各部位机能已被调动起来，中枢神经系统的兴奋性提高了，关节的灵活性和肌肉的弹性增加，各器官系统的活动也加强了。此时会感到四肢关节灵活，身体轻松有力，全身发暖，微微出汗，那就说明准备活动已充分，并可开始进入较大强度的运动。

在训练行将结束之前，也要做好整理活动，这是完整的健美操技术训练不可缺少的组成部分。正式训练内容后的整理活动是通过针对肌肉放松的运动使其有节律地收缩，改善肌肉的血液循环，使缺氧和积聚的代谢产物迅速消散，它有助于缓解肌纤维痉挛并使吸氧量维持在一定的水平，有利于偿还"氧债"和加快乳酸消除，减轻疲劳，促进体力恢复，使机体由紧张状态转入轻松安静状态。在训练中,当肌纤维在拉长时,附在肌肉内的微血管随之拉长变细,于是血管壁挤压管内的血液,使血液加速回流到心脏;一旦运动器官停止活动,由于内脏器官的生理惰性而不能及时调整自身的工作状态。所以,心脏和肺脏在一段时间里仍继续用力工作,心脏仍在很短的时间内,就很快地把大量血液再送回心脏。这么大量的血液很快积存在肌肉中,特别是积存在两腿中,心脏输出血量便会突然减少,使血压下降。又因为地球引力的作用,脑的血液急剧流回心脏,使头部的血液供应减少,就会造成脑贫血,出现头晕的现象,通过放松整理运动可以达到这样几个目的:

第一,放松整理运动可使静脉血液平稳、有序、较快地回流到心脏,使心脏较快地恢复到正常工作状态。

第二,放松整理运动可使神经系统和其他内脏器官由紧张的工作状态,逐步转入正常状态,从而促进整个机体能较快地得到恢复。

第三,放松整理运动能加速乳酸的消除,可避免肌肉充血、僵硬。如不注意放松,肌肉的收缩能力会下降,弹性会减弱,以致影响力量的提高,妨碍肌肉的增长。

做整理活动时,要注意做全身性的肌肉放松活动,活动量要逐步减慢。活动时要结合深呼吸运动,以加大肺的通气量,提高气体交换,这时对神经系统也有良好的调节作用。放松整理活动的最佳强度是锻炼强度的50%~60%。这样才有利于促使循环、呼吸功能保持一定的水平,加速代谢产物的消散。

(三)安排训练步骤

人体结构的改变,运动能力的提高,内脏循环功能的改善,都是由于神经系统通过对运动系统及其他内脏循环系统反复多次调节而形成的适应性反应。这种适应性不是靠几次锻炼就可以实现的,而是一个相当复杂的协调过程,只有经常坚持,长期积累,才能达到良好的效果。

通过形体健美操锻炼可以强身健体,健康减肥,因而,人们都希望由此而获得匀称的身材、优美的体态和优雅的举止,但是,当他们看不出形体或体重有显著变化时,便放弃了锻炼计划。人体是一个完整的机体,在中枢神经系统的指挥下,全身各组织器官之间都有着密切的联系,身体任何局部功能的改善和提高都是协调和共同运动的结果。如果急于求成而盲目增加运动量,就会使心脏的活动超出正常负荷的限度而疲劳过度,长此下去,就会损害身体健康。

要想拥有一个健康的身体，不坚持运动是难以获得的，最好的健身方法还是坚持有规律的、经常性的锻炼。只有相信科学方法，循序渐进，持之以恒地进行锻炼，才能最终达到增强体质和健美形体的目的。

### 三、健美操技术训练的方法

（一）一般训练法

现代健美操技术水平发展很快，科学地进行技术训练，掌握各种运动技能，创造最好的运动成绩，是健美操技术训练根本的任务。健美操技术训练的一般内容有基本动作训练、难度动作训练以及舞蹈动作训练。

1. 基本动作训练

（1）徒手健美操动作训练。徒手健美操是由身体各部位的各种不同动作组成的单个动作和成套动作。通过徒手健美操的练习可以培养运动员身体各部位正确的姿态、规范的动作。它所特有的动作对称性，可以使肌肉得到全面的发展，这些部位可做屈、伸、绕和环绕等运动，上肢还可以做举、振等动作，下肢可做举、踢、蹲、跳、弓步等动作、练习。做这些动作时，可根据需要进行某个部位的专门练习，也可进行全身的综合性练习。进行徒手健美操练习可以采用单个动作练习，也可编排成套结合音乐进行练习，可安排在课上进行练习。一般把徒手健美操列为准备活动的内容比较好。这样既能达到提高基本姿态正确性的目的，又可节省课上时间，同时还起到了活动身体的作用。

（2）竞技性健美操动作训练。竞技健美操的基本动作是配以多种手臂变化和七种基本步伐，以及各种跑跳的动作。一套竞技健美操的动作主要是由这些跑跳动作组成的。通过健美操的基本动作的练习，可以训练肌肉快速紧张放松的用力感觉，强调动作的自然屈伸和弹性及动作的力度。动作的力度是指动作从加速到短暂制动的表现程度，它是人体运动时发力的速度变化。动作力度时间是健美操特点之一，特别是在竞技健美操中它显得尤其重要，它是健美操的灵魂。力度是一种比较难以训练的动作感觉，运动员需要通过一段时间的训练，对动作有了较深的了解之后，才能逐渐地表现出动作的力度来。

基本动作的训练方法：原地和行进间的各种基本步伐、姿态跳、分腿跳、交换腿跳等练习，以头部、手臂、躯干动作配合各种跑跳练习，运用有氧操的练习达到活动关节，增加动作素材的目的，以变换动作节奏的形式训练运动员的手型，建立各个不同位置的本体感觉。也可运用各种相近、有特色的舞蹈动作为训练和发展机体局部而配套成各种组合练习，有针对性地选择不同组合练习，以提高识别和运用音乐与动作内涵结合的能力。通过竞技健美操的基本动作的训练还可以提高弹跳能力、腿和脚的灵活性、动作的节奏感以及全身的协调性。它的组合成套练习也是提高耐力素质的有效手段，具有既练习动作又练习耐力，也不枯燥的优点。

（3）健身性健美操动作训练。健身健美操是竞技健美操的基础。通过健身健美操的练习，可以训练动作的节奏感和韵律感，肌肉紧张，放松的用力感觉，动作刚柔变化和柔韧性；训练健美操的动作风格，培养健美操的意识。健身健美操一般以段落练习为主，也可编排成套音乐进行练习。

2. 难度动作训练

难度动作是指新规则中规定成套必须做的四类难度动作，包括俯卧撑、旋腿与分切、支撑与水平、跳与跃、柔韧与平衡。各类难度动作水平的训练，应根据运动员的实际技能和所掌握的能力来选择。

在训练健美操难度动作过程中，可采用相应的分解练习、辅助练习和专项技能练习，以及素质练习等手段，使运动员通过一段时间的训练，逐渐建立所学的难度动作的正确概念，达到掌握其技能，自如完成动作的最终目的。

3. 舞蹈动作训练

在健美操技术训练中，舞蹈训练起着非常重要的作用，它是健美操主要训练手段之一。舞蹈是训练基本功、优美姿势和协调性最有效的手段，它还可以训练节奏感、音乐感和培养不同的动作风格以及表现力等。通过舞蹈训练，除了能直接提高以上技能外，还可训练肌肉运动感觉，提高运动员的艺术修养水平，培养舞蹈和健美操意识。在此基础上，运动员才能把动作表现得更加完美，使健美操具有艺术观赏性，这些训练内容和训练方法是学习健美操必需的。舞蹈的练习形式包括：把杆基本功练习（主要训练腿和脚以及躯干的肌肉运动感觉）、单个基本动作练习和组合动作练习（主要训练身体各个关节的灵活性、上下肢配合的协调性、肌肉运动感觉、动作风格和表现力等）、舞蹈基本动作练习。

（1）把杆练习。在健美操技术训练中，把杆练习能帮助运动员很好地掌握身体平衡，能有效地、有重点地训练身体的各个部位，主要是训练躯干、腿、脚的肌肉运动感觉。竞技健美操中的把杆练习，不完全等同于芭蕾舞的把杆练习，主要是训练开、绷、直、立以及对身体各部位肌肉的控制和用力等，如借助于把杆进行不同方向的踢腿、控腿、弹腿、身体屈伸、移动、波浪、转体等练习。爵士舞、迪斯科等舞蹈的某个动作也可以结合把杆来练习。把杆练习安排在竞技健美操开始训练阶段，对初学者或基础较差的运动员或学生也可多安排这种练习。

（2）单一舞蹈基本动作练习。单一舞蹈基本动作练习主要包括：芭蕾舞蹈中的7个手位和5个脚位的练习以及在此基础上的变化位置。各种手臂基本动作（摆动、绕环和波浪）和身体波浪（躯干波浪、向前或向后的全身波浪和左右的身体波浪），各种舞步（如变换步、跑跳步、华尔兹和波尔卡等），各种转体和跳步。这些均是单一舞蹈基本动作练习的内容。转体和跳步都是技巧性很强的动作，它可以很好地训练身体的灵活性、协调性以及肌肉的控制能力和稳定性。通过转体和跳步的训练能够提高运动员的技能和技巧。

转体和跳步的种类很多，转体有原地转体、移动转体和空中转体，它可以是单脚支撑或者是双脚支撑的转体，还可以以背、臀、膝为支撑点的转体，转体时身体可以做各种舞姿造型与练习。转体时，要注意身体中心的重心位置和转动轴。例如：站立站姿的转体，一般要求以前脚掌为转动轴，身体重心与地面保持垂直，保持身体平衡。

跳步有小跳、大跳加转体的跳步，原地和进行间完成的跳步。跳步根据起跳和落地的方式可分为双起双落、双起单落、单起双落、单起单落。跳起时可以在空中做各种身体造型。跳步练习时，主要注意起跳、空中造型和落地三个环节。在进行转体和跳步练习时要注意循序渐进、由易到难，注意基本动作的训练。

（3）舞蹈组合动作练习。竞技健美操技术训练中更多的是采用舞蹈动作练习，舞蹈组合练习可以综合地训练运动员的灵活性、协调性、节奏感、音乐感、肌肉运动感觉以及表现力，舞蹈组合可以是各种风格的舞蹈。在竞技健美操技术训练中，一般较多地采用爵士舞、迪斯科舞、拉丁舞等，因为它们更接近于健美操。

（二）核心稳定训练法

1. 核心稳定训练法的内涵阐释

核心稳定理论认为，人体在完成技术动作过程中，骨盆、髋关节和躯干等部位的肌肉"稳定性收缩"可以为四肢肌肉的收缩建立支点，提高四肢肌肉的收缩力量。使不同关节的运动和肌肉收缩整合起来，形成一个符合力学规律的"运动链"。在整个运动过程中，这个"运动链"的中间环节在运动传递过程中起着重要的作用。具体表现在：一是它决定了人体整体的稳定程度；二是可以提高末端肌肉的发力；三是对运动技术具有稳固的作用；四是起承上启下的纽带作用；五是可以预防运动的损伤。核心稳定训练涉及整个躯干和骨盆的肌肉，其主要作用是对身体重心的控制，所以，该力量训练在很多情况下都是在不稳定条件下进行训练，以此锻炼更多的小肌肉群，特别是关节周_的辅助肌群，这样就可以培养和提高运动员辛运动中稳定关节和控制重心的能力。

根据核心稳定训练的理论并结合健美操技术训练规律以及运动员自身的特点，将核心稳定训练理论演绎到健美操技术训练实践中，使核心稳定训练与健美操专项技术特点相结合，可以将核心稳定训练分为四个层次，即核心稳定训练形式、核心稳定训练内容、核心稳定训练方法以及多维化评价形式，这样就形成了健美操技术训练模式。

核心稳定训练的形式包括理论与实践相结合、示范与指导相结合、教练员与运动员相结合、单独练习与配合练习相结合。通过核心稳定训练可以使学生充分认识到健美操技术动作中提高身体控制性和平衡性的作用，使学生从不了解到很了解健美操基础知识和动作技术。在训练中要求学生独自练习和数人配合练习，教师在运动训练过程中给予必要的指导和讲解，在这种频繁的"信息"传递与反馈中使学生熟练地掌握健美操基本技术。

核心稳定训练的内容包括克服自重训练、不稳定器械训练及综合器械训练三种训练内容。克服自身体重的训练是核心稳定训练最基础的练习手段，它可以使学生深刻体会到核心肌群的用力和有效的控制身体，这一训练、可以提高学生的腰腹力量；不稳定器械的训练可以有效地动员人体核心区域的深层肌肉参与运动，并在运动训练的过程中控制躯干保持正确的运动姿态，这一训练可以提高学生的平衡控制及感知觉的能力；综合器械训练一般适用于核心肌群能力在中级以上水平的运动员。

核心稳定训练的方法包括个案性训练、时效性训练和针对性训练。个案性训练是指教师根据学生个体的特点选择训练方案并介绍动作的示范面和示范点，语言提示和非语言提示相结合；实效性训练是指在训练中发挥学生的积极能动性，提高训练的效率，加速身体控制性的形成；而针对性训练是指针对男女学生的身体特点、肌肉类型等，有针对性地设计特定动作进行训练，提高训练的效率。

核心稳定训练的多维化评价形式包括身体成分评价、身体平衡控制评价和力量素质评价三种。对身体成分的研究主要是研究人的体脂（BF）和去脂体重（瘦体重LBM）的构成及其对运动能力的影响。健美操运动员在不稳定状态下进行的动态的核心稳定肌的本体感觉性的训练，各种感知能力以及其运动技能形成的重要原因，他们具有较高的肌肉运动控制和平衡的差别感受性，这些特质可促进其动作技能的掌握，形成正确的用力感觉，并加快对各种感觉的适应能力，最大限度地发挥人体知觉选择的功能作用，对健美操运动员身体平衡控制的评价是非常重要的。核心稳定训练属于力量训练，但力量训练不一定就属于核心稳定训练，二者之间的主要区别在于核心稳定训练是在非稳定状态下动用大脑、神经肌肉等的感受性刺激。因此在进行评价时，应用力量素质来评价训练前后运动员核心力量有无差距，差距是否明显。

2. 核心稳定训练法的实际应用

根据竞技健美操的竞赛规则及技术特点，核心稳定训练主要针对学生的躯干力量以及身体平衡控制能力进行训练。其实施过程可分为以下三个部分：

（1）初级克服自重训练。初级克服自重训练的主要练习动作：卷卧、腿绕环、骨盆桥、侧支撑、仰卧举腿、脊柱扭动、双腿伸展、单腿拉伸、侧踢、掌上压等。

初级克服自重训练的具体实施方案：此阶段为核心稳定训练的初级阶段，此阶段训练的动作、强度所有学生应一致；第一周每组动作训练时间为20秒×3次，第二周训练时间为40秒×3次，通过一段时间的训练最后两周训练时间可以持续在60秒×3次。动作难度提升如达到规定的支撑时间目标，可再进一步加大动作难度。动力性动作训练分别为12次/组、15次/组、20次/组。组与组之间的间隔时间为30秒；坚持4周训练，每周训练3次；可根据学生个人训练情况，有针对性地个别调整训练计划。

（2）中级不稳定器械训练。中级不稳定器械训练的主要练习动作：背肌伸展、背肌练习、稳定蹲坐、膝俯卧起坐、提臀起、滚球、拱形仰卧、跪球、屈体仰卧举球等。

中级不稳定器械训练的具体实施方案：此训练阶段为核心稳定训练的中级阶段，之前学生都经历过初级阶段的训练，此训练阶段训练动作、强度应男女学生一致（个别除外）；每组动作初始训练时间为20秒×3次，静力性动作初始训练为15次/组，通过一段时间的训练后，加大训练难度和训练时间，组与组之间的间隔时间为30秒；坚持4周训练，每周训练3次；可根据学生的个人训练情况，有针对性地个别调整训练计划。

（3）高级综合器械训练。高级综合器械训的主要练习动作：跪球前举侧举、平台俯卧撑、两点支撑划船、坐式下沉、弓步后腿撑球、双手举哑铃蹲起、仰卧举球等。

高级综合器械训的具体实施方案：此训练阶段为核心稳定训练的高级阶段，动作难度、强度应男女同学区别对待，根据学生自身特点进行调整；以小负荷、多次数训练为训练原则，初始静力性训练时间为30秒×3次，动力性训练中每组重复动作一般不超过20次。随着学生运动能力的提高，可采用加大难度的方法，以适应训练的要求，逐渐延长时间或练习次数。如，动作形式的复杂化。组与组之间的间隔时间为30秒；坚持4周训练，每周训练3次；可根据学生,的个人训练情况，有针对性地个别调整训练计划。

（三）表象训练法

表象训练法是指以动作表象为基本内容，在肢体语言的指导下，通过对学生进行相关的表象训练，让学生在其头脑中不断地回顾、想象和修正来不断地更新和创造自己的健美操动作，从而在头脑中有意识地形成系统的动作，进而提高自己动作技能的教学与训练方法。

健美操运动是一领复杂而优美的运动项目，它不仅要求练习者要具有良好的身体素质，而且更需要有良好的心理素质，这就为表象训练与健美操运动技术相结合提供了依据。表象训练法是一种能建立自动理想反应的学习方法，它可以提高学生的动机水平，加速动作技能的形成和巩固，从而获得与实际训练效果相同的生理变化反馈信息，比较适合于复杂运动项目的训练。建立正确而清晰的技术动作图像对学生运动技能的形成具有重要的作用，而建立正确、清晰的技术动作图像就必须要有足够的刺激量和刺激时间。运用表象训练对建立在大脑中的反应动作进行描述，使正确的技术动作得到强化，加深大脑中的印象，有利于正确技术动作的形成。在表象训练的过程中应注意的问题是，教师要指导学生尽量在较安静、封闭的场地进行，学生要全身放松，跟随教师进行训练，训练前学生应确定最正确的具体动作，注意力保持高度集中，回忆技术动作的基本方法和要领；表象训练法的运用应因人施教，个别对待；训练中还要不断地进行言语暗示，加强训练的效果。

视觉表象作为一种心理工具，可以帮助学生做好训练的准备。积极的思维与行动有着密切的关系，视觉表象不仅可以用于建立自信，制定相应的策略和理解战术，还可以将视觉表象、情绪状态与能量状态以及潜在的表现之间建立起联系。学生运动技术水平的提高对视觉表象操作能力的改善具有明显的作用，视觉表象操作水平会随着运动技术水平的提高而提高。健美操技术训练的内容要比日常活动的动作复杂得多，这在客观上要求学生对视觉表象的操作能力要进行积极而长期的训练以适应学习活动的需要。因此，学生通过运动技能的学习可更好地促进视觉表象机能水平的发展。由此可见，运动技能学习活动对学生的视觉表象的发展确实具有积极的影响，检测视觉表象操作水平，可以更好地评价学生运动技能状况。

学生学习健美操是一个完整的认知过程，它是由一系列的运动知觉、表象和对运动概念的理解所组成的。表象训练的一般认知是指通过训练获得与比赛事件相关联的策略，演练在各种形式下的比赛方案，使得这些方案在运用的时候得心应手，而特殊认知是指通过训练使得某一具体的知觉运动技能得到有效地改善。自信心来源于后天锻炼的结果，表象训练不仅有助于学生技能的获得和巩固，由于其不断给予学生以正确的结果导向，因此能极大地增强学生的自信心，调节激活水平，应对紧张焦虑。

## 第二节 健美操技术训练难度与技巧分析

### 一、健美操技术训练的难度

（一）A组——动力性力量

A组包含的根命名组有：①俯卧撑组（俯卧撑、文森俯卧撑）；②俯卧撑腾起组（俯卧撑腾起、提臀腾起、分切）；③支撑腾起组（锐角支撑、反切）；④旋腿组（旋腿、托马斯）；⑤直升飞机组（直升飞机）。

1. 俯卧撑组

开始或结束姿势：单手或双手支撑地面，肘关节伸直肩部平直平行于地面，头部处于脊椎的延长线。

肘部的屈伸：俯卧撑下降到最低点，胸部离地面不得高于 10 厘米。

俯卧撑的起落必须有控制，两肩在起落位置必须与地面平行。

文森俯卧撑：架起腿必须搭在同侧手臂（肱三头肌）上方。

2. 俯卧撑腾起组

俯卧撑腾起：俯卧撑腾起时，手和脚必须同时离开或接触地面。

提臀腾起：在空中展示屈体姿态（躯干和双腿夹角 60°）。

分切：腾空过程中，双腿分腿摆越，前穿至仰撑，整个动作过程中，两脚离地。分切转体：双手推起身体上升至腾空—分切—转体 180°—以俯撑/文森姿态结束。

3. 支撑腾起组

以锐角支撑为开始姿势，腾空，落地时以俯撑或劈腿姿态结束。

锐角支撑，反切：双手反撑地面，背部与地面平行。腾空时间向上方打腿伸展。

4. 旋腿组

开始姿势必须从两臂前撑开始；整个旋转过程中展体挺髋。完成旋转前双脚不得触地。

托马斯：双腿分开，整个过程中展体挺髋。在完成全旋之前双脚不得触地。

5. 直升飞机组

双腿贴近胸部进行全旋后，躯干上背部着地，双腿向前方伸展，转体 180°后双脚落地成俯撑姿态结束。

（二）B 组——静力性力量

B 组动作包含的根命名组有：①支撑组（分腿支持、直角支撑）；②锐角支撑组（高直角支撑、锐角支撑）；③水平支撑组（文森支撑、肘撑、水平支撑）。

B 组动作展示静力性力量，每一个动作必须停 2 秒。无论是在开始或结束，还是在转体中，整个支撑过程必须保持 2 秒。身体各种姿势完全支撑在单手或双手上，只允许手触地面。在整个技术中，臀部和脚不得接触地面。在支撑时，手掌必须平整地撑于地面。

1. 支撑组

分腿支撑：躯髋分腿（最小角度 90°），双腿垂直于地面。

直角支撑：双腿伸直并拢，与地面平行。

2. 锐角支撑组

分腿高直角支撑：屈髋分腿，夹角90°，双腿垂直于地面。

高直角支撑：屈髋并腿，双腿并拢垂直于地面。

锐角支撑：背部平行于地面。

3. 水平支撑组

文森支撑：身体伸展并平行于地面，一腿伸展控制在同侧肱三头肌上端。肘撑：身体伸展平行于地面。

水平支撑：双手直臂支撑，身体不得超过水平面以上20°。

（三）C组——跳与跃

C组动作包含的根命名组有：①直体跳组（空转、自由倒地）；②水平跳组（塔玛诺、给纳）；③屈腿跳组（团身体、科萨克）；④屈体跳组（屈体跳）；⑤分腿跳组（屈体分腿跳、横劈腿跳）；⑥劈腿跳组（纵劈腿跳、交换腿跳、剪式变身跳）；⑦到踢组（剪踢）；⑧水平旋组（水平旋）；⑨旋子（旋子）。

C组所有难度动作必须最大限度地展示爆发力和最大的动作幅度，每个难度动作开始姿态和特殊描述中一致。所有跳跃类动作可以以单脚或双脚起跳，无论单脚或双脚起跳都是为同一个难度，分值相同。这条规则同样适用于落地。起跳前，头、肩、胸、臀、膝盖和脚必须在一条直线上；身体和腿必须保持紧张，伸直，并与头和脊柱成一直线，身体在空中的形态必须清晰可辨。以单脚或双脚落地时，腿又从屈膝到伸直的缓冲；腾空成俯撑落地时，手和脚必须以有控制的方式同时落地；以劈叉姿势落地时，手可触地。

1. 落地姿态

成俯撑：支撑手和脚必须同时落地。

成文森：支撑手和脚必须同时落地，主动腿需在同侧手臂三角肌上方。

成纵劈腿：在空中分腿，落地时双手落于身体两侧。

成横劈腿：在空中分腿，落地时双手落于身体前侧。

2. 身体空中描述

直体：身体处于伸展的标准位置状态，骨盆处于固定位置3种不同的跳跃方式。

垂直：空转、自由倒地。

垂直至水平：给纳。

平行：塔玛诺。

团身：双腿收紧团起。

屈体分腿：双腿举至空中成屈体分腿姿态（两腿最小夹角90。），双腿平行于地面或高于水平位置，手臂和躯干高于双腿展开，躯干和双腿的夹角不得大于60°。

屈体：起跳后，身体展示屈体姿态，双腿并拢伸直，平行或高于水平位置。躯干和双腿的夹角不得大于60°。

科萨克：起跳后，身体展示屈体姿态，双腿平行或高于水平位置，双腿并拢，一腿伸直，一腿屈膝。躯干和双腿的夹角不得大于60°；屈腿膝关节夹角不得大于60°。

纵劈腿：双腿充分前后分开成180°纵劈腿，上肢直立。

横劈腿：双腿充分左右分开成180°横劈腿，上体直立。

交换劈腿：起跳后，前后腿在空中交换成180°纵劈腿。

剪式变身跳：前腿向前交换摆动。

（四）D组——平衡与柔韧

D组动作包含的根命名组有：①劈腿组（纵劈腿、横劈腿、垂地劈腿转体）；②转体组（转体、水平控腿立转）；③平衡转体组（平衡转体）；④依柳辛组（依柳辛）；⑤踢腿组（高踢腿）。

D组的所有动作技术都必须展现正确的身体姿态。

（1）劈腿组。腿必须伸直成一直线，劈叉成180°。

（2）转体组。所有动作支撑脚转体的角度必须完整；转体过程中脚后跟不允许接触地面。

（3）依柳辛组。依柳辛开始位置：头、肩、胸、髋、膝、脚都必须在同一方向；动作过程中劈叉必须达到180°。

## 二、健美操技术训练的技巧

由单臂或双臂、手、肘，或者单脚或双脚完成的动作：①侧手翻；②毽子；③前手翻；④头手翻；⑤前软翻；⑥后软翻；⑦空翻（360°向前、后、侧）。竞技健美操中技巧动作从①到⑦一个成套只能出现2次，而且不能出现技巧连接，空翻不可转体。

根据健美操中的技巧动作类型,可将技巧动作分为倒立类、滚翻类、手翻类、软翻类、空翻类、打起类,具体见表 5-1①。

表 5-1 健美操技术训练的技巧

| 类型<br>复杂性 | 倒立类 | 滚翻类 | 手翻类 | 软翻类 | 空翻类 | 打起类 |
| --- | --- | --- | --- | --- | --- | --- |
| 矢状轴 | 倒立前滚翻 | 前滚翻<br>后滚翻 | 前手翻<br>后手翻 | 后软翻<br>前软翻 | 前空翻<br>后空翻 | 叠筋起 |
| 额状轴 |  | 侧滚翻 | 侧手翻 |  | 侧空翻 |  |
| 矢状轴加额状轴 | 倒立转开普站 | 单臂拧身翻身前滚翻 | 踺子 |  | 前空翻转体<br>后空翻转体 |  |
| 矢状轴加垂直轴 |  |  |  | 前软翻俯撑 |  |  |
| 额状轴加垂直轴 |  |  |  |  |  | 叠筋转体成俯撑 |
| 矢状轴加额状轴加垂直轴 | 开普倒立西里下 | 扭臂倒立前滚翻 | 侧手翻扭臂转体 360°成俯撑 | 后软翻转体坐撑 |  |  |

倒立类是经过垂直倒立后完成的动作,如倒立前滚翻、开普倒立下等;滚翻类是经过后背触底滚动完成的动作,如前滚翻、后滚翻、侧滚翻等;手翻类是由手肘支撑完成的动作,如前手翻、后手翻、侧手翻等;软翻类由手肘支撑完成的动作,如前软翻、后软翻等;空翻类由单脚或双脚到腾空后降落完成的动作,如前空翻、后空翻、侧空翻等;打起类是由上身与下身经过折叠后再次打开完成的动作,如叠筋起等。

## 第三节 健美操技术体能训练与心理训练

健美操运动员应具备的基本素质是运动员在训练中保证训练效果、在比赛中

---

① 本节表格均引自赵晓玲.健美操教程[M].重庆:重庆大学出版社,2017.

获得优异成绩的基本因素。因此，加强健美操运动员的基本素质训练，合理安排和选择训练手段与方法，是完成健美操教学和比赛任务的重要保证。健美操的基本素质包括柔韧、力量、耐力、速度、协调和灵敏性、身体姿态、表现力与心理素质等，其中柔韧、力量和耐力对于运动员高质量地完成成套动作尤为重要。

## 一、健美操柔韧素质训练

柔韧素质是人体各肌肉、关节、韧带等组织的伸展活动能力和弹性的总称，在健美操运动中有着重要意义，也是健美操运动员必不可少的素质。柔韧素质是健美操运动员掌握技术动作的重要条件，良好的柔韧性是提高运动幅度、动作速度、动作力量以及完成一些难度动作和高质量动作的基础，同时也可以减少运动性损伤。因此，发展柔韧素质对提高运动技术水平具有重要的意义。

柔韧素质可分为一般柔韧性和专项柔韧性，其中专项柔韧性是掌握专项运动技术必不可少的重要条件。

（一）柔韧素质训练的方法

发展柔韧素质练习的基本方法包括静力拉伸法和动力拉伸法，这两种方法均可采用主动的拉伸和被动的拉伸。

1. 静力拉伸法

静力拉伸法是指通过缓慢的动作将肌肉等软组织拉长，拉伸到一定程度时要暂时静止不动。运用静力拉伸法的优点是：第一，节省体能；第二，减少或消除超过关节伸展能力的危险性，防止肌肉、韧带、肌腱等软组织的损伤；第三，不会激发牵张反射。一般来说，静力拉伸法拉伸力量的大小应以运动员感到酸、胀、痛为界限，或者略微超过一点。一般来讲，当运动员软组织拉伸到酸、胀、痛时，停留时间为 8～10 秒，练习反复次数为 8～10 次。

练习方式可采用主动柔韧性和被动柔韧性两种方式：主动柔韧性训练是指运动员靠自己的力量拉伸软组织，如做站立体前屈、压肩、横劈腿、纵劈腿等；被动柔韧性训练是指在外力帮助下，使运动员的软组织拉长，如帮助运动员扳腿等。在进行被动柔韧性练习时，一般应超过主动柔韧性练习的指标。一个人的被动柔韧性训练与主动柔韧性训练的差距越大，说明此人的柔韧素质潜在的能力越大，当运动员具有一定的水平或者被动柔韧性练习收到一定效果时，就应该改为主动柔韧性练习。

2. 动力拉伸法

动力拉伸法是指一种有节奏的速度较快的多次重复同一动作的拉伸练习，是在音乐式口令的引导下练习。运用动力拉伸法最重要的是要贯彻循序渐进的原则，运动员不可用力过猛，切忌爆发用力。对于竞技性健美操来说，有一些动作要求运动员快速地拉长软组织，但训练中，特别是训练的开始阶段不可急骤式地拉长。一般来说，一次训练课动力拉长练习可控制在 15～20 个，每个练习可做 7～30 次。

3. 动、静力结合拉伸法

这是将动力拉伸法和静力拉伸法结合起来的一种训练方法。例如，在发展髋关节的柔韧性时，常采用压、扳、摆等手段，其中摆属于动力拉伸，压属于静力拉伸，踢属于动力拉伸。

总之，柔韧素质训练的总时间不要过长，一般一次练习不应该超过一个小时。

（二）柔韧素质训练的手段

根据竞技性健美操的项目特点和要求，可以采取以下训练手段提高和发展运动员的肩、胸、腰、髋、腿的柔韧性。

1. 肩、胸、腰部柔韧性训练

肩、胸、腰部柔韧性训练主要手段有压、拉、吊、转环、体转、体前屈、体后屈等，具体做法如下：

（1）面对墙壁或肋木，手扶一定高度体前屈压肩胸。

（2）背对墙壁或肋木，手臂后举扶墙或反握肋木，下蹲，向下拉肩。

（3）侧向墙壁或肋木，侧向手扶墙或握肋木，向侧拉肩。站立体前屈，双手互握后举，帮助者一手顶背、一手向下按压练习者手臂拉伸其肩、腰部。

（4）悬垂，反握肋木，向下吊肩。两手握棍或绳，做直臂向后和向前的转肩练习，逐渐缩短握距。

（5）站立，连续快速直臂向前、侧、后绕肩。

（6）体前屈手握脚踝，躯干与腿尽量相贴，可在帮助者用力压其背部、逐步垫高其臀部或脚的高度的情况下练习。

（7）站在一定高度上做体前屈，手触地面。

（8）腿垫高的分腿体前屈，或手握肋木的高举腿分腿坐，在外力下向后压腿的体后屈练习。

（9）俯卧，上体挺胸抬起，两手上举，帮助者站在背后，两手握练习者上臂，向后拉压其肩胸,向后下拉伸其腰部。

(10)仰卧在横马上成背屈伸,两腿固定,帮助者两手握练习者上臂,向后拉压其肩、胸、腰。

(11)仰卧成弓桥,做向上顶腰和向前拉肩练习,逐步缩小手与脚的距离。

2. 髋、腿部柔韧性训练

髋、腿部柔韧性训练主要手段有压、搬、踢、控、绕腿、劈叉等,具体做法如下。

(1)压腿:将一腿置于肋木上,直膝、胯正,可向前、侧、后压腿。

(2)扳腿:单腿站立,一腿举起,直膝、胯正,在外力作用下,前、侧、后扳腿。

(3)劈叉压:在纵叉和横叉姿势下,两脚垫高,上体挺直,直膝、胯正,在外力作用或自身重量下,向下压髋。

(4)踢腿:包括大幅度的快速前、侧、后的正踢、绕腿以及体前屈后踢腿练习。可以通过扶把杆踢腿、行进间走步踢腿、原地高踢腿等进行练习。

(5)控腿:通过扶把杆和不扶把杆的单腿站立的前、侧、后高举控腿,体前屈后举控腿,仰卧劈叉的扳、控腿等,可采取慢速扳、控腿和快速踢起扳、控腿。

3. 综合性柔韧训练

(1)柔韧性难度动作练习。在一定的柔韧能力练习基础上,必须结合健美操的难度动作和技术要求进行专门的柔韧性练习,如各类分腿大跳、大跳落成劈叉、支撑劈叉、控腿落成劈叉、纵横劈叉转换以及不同方向高踢腿等。

(2)柔韧操练习。除了采用以上的柔韧练习外,也可采用柔韧操形式进行练习,如关节活动操、拉伸操等。在优美的音乐旋律和节奏下做动静结合的拉伸操,速度由慢到快,幅度从小到大,可不知不觉地、愉快地达到提高运动员柔韧性的作用。

(3)高低冲击力的健美操步法组合练习。采用持续的高低冲击力的健美操步法组合进行柔韧练习,即在走、跑、跳中进行包括转肩、绕肩、扩胸、转体、踢腿、控腿、劈叉等柔韧练习,可提高运动员练习的兴趣,同时也可以提高耐力。

(三)柔韧素质训练时的注意事项

第一,发展柔韧性应循序渐进,持之以恒。柔韧练习本身就是由不适应到适应的逐步提高的过程,如果运动员停止训练,柔韧效果就会消退。训练要长期化、经常化、系统化,且要循序渐进、逐步提高要求,不能急于求成,以免出现拉伤现象。

第二，柔韧与力量等素质在发展进程中有其一致性。在进行柔韧训练时，应注意保持肌肉的弹性，防止肌肉消极地被拉伤，影响素质的发展，要使肌肉柔而不软、韧而不僵。在力量训练后进行柔韧训练，可以使肌肉、肌腱和韧带保持相应的弹性和伸展性，保证肌肉韧带柔而不软、韧而不僵，进而促进身体能力的全面发展。

第三，发展柔韧性应与专项和个人特点相结合。柔韧性训练必须根据健美操项目特点和个人具体情况安排，在全面发展身体各部位柔韧性的基础上，重点发展健美操所需要的髋部、腿部、腰部的动力性和静力性的柔韧能力，尤其是发展肩、髋关节的全方位的伸展性和灵活性，大腿后部肌群以及腰背、腹部肌群、韧带的伸展性，并结合柔韧性难度动作练习，发展快速大幅度的前、侧、后踢腿、控腿以及地面和空中劈叉能力，以达到专项技术要求。另外，根据不同运动员的具体情况，应做到区别对待，使训练更具针对性和实效性。

第四，发展柔韧性应与力量、速度能力发展相结合。柔韧的发展是建立在肌肉力量增长基础上的，良好的柔韧能力同时也反映良好的力量能力。健美操是动力性项目，它的柔韧性表现有两种形式：一种是在静力性力量下的柔韧性，如控腿、支撑劈叉等；另一种是在速度力量下的柔韧性，如快速高踢腿、分腿大跳、劈叉倒地等。所以，速度力量、相对力量与柔韧训练应同步发展和提高，力量训练还可增强关节的稳固性。

第五，发展柔韧性应注意温度的变化。柔韧性与外界环境温度有很大的关系，温度升高时，柔韧性表现得就好些，进行柔韧性训练时，要做好准备活动，在身体发热或稍微出汗时再进行柔韧练习。早晨柔韧能力相对较低，必须进行小强度练习，而在下午柔韧能力较强，可进行大强度柔韧训练；冬季训练时要注意身体保温。

## 二、健美操力量素质训练

力量素质是指人体在工作时克服阻力的能力，是竞技性健美操中首要的素质能力，随着成套动作中力量性动作的增加和难度的增加，特别是复合型力量动作，以及要求以高速度和大幅度完成的动作不断发展，力量能力的训练占有越来越重要的位置。它是一切运动的基础，决定其他身体能力的发展，直接影响运动员对动作技术的掌握和运动成绩的提高,是衡量健美操运动训练水平的重要指标。一套健美操动作完成的质量高低,在很大程度上取决于运动员力量素质的强弱,要想体现出力量美,就必须加强力量训练。力量训练是以锻炼身体肌肉群为主的一种素质练习,通过练习可以减少体内多余的脂肪、增加肌肉弹性,使身体中与动作技术相关的肌肉或肌肉群力量得到增强。

(一)力量素质训练的方法

发展健美操运动员的最大力量有两个途径:一是依靠肌肉协调能力改善和提高,二是通过增大肌肉体积来实现。而力量素质的发展主要体现在相对力量、速度力量、力量耐力和静力性力量这四种力量的发展上。

1. 相对力量训练

相对力量是指每千克体重所表现出来的力量,它主要反映运动员的绝对力量与体重之间的关系。由于竞技性健美操是抵抗重力的运动,要求运动员具有较大的最大力量,体重又不能过大,健美操运动员的力量是以相对力量来衡量的。最大力量的增长主要通过提高肌肉的协调功能来实现,使更多的运动单位参加工作,进而提高肌纤维收缩的同步程度,改善肌群之间的协调性。

相对力量训练应安排强度大、重复次数少和相对组数多的练习,一般采用自身最大力量85%以上大负荷强度,每组1~4次。如果负荷强度小,参加工作的运动单位少,不利于刺激更多的运动单位同时工作,最大力量增长的效果就低。强度越大,重复次数应相应减少,练习组数应以不降低每组练习的重复次数为宜。每一个动作的速度应适当快些,可控制在一定时间内完成,以便每组有足够的休息时间。训练中应注意以下问题:

(1)大强度训练应有一个准备阶段,负荷强度逐步加大。在少年运动员训练中,先以最大负荷的40%强度开始,当每组增加到12次后,应及时提高负荷的强度。

(2)在成年高水平运动员训练中,大负荷强度练习可适当安排极限强度训练,这样能够有效提高肌纤维工作同步化,发展最大意志紧张能力,提高最大力量。练习安排应交替使用各肌群,这样有利于更快恢复肌肉疲劳,提高运动员整体的肌肉力量水平。

2. 速度力量训练

速度力量是指肌肉在尽可能短的时间内发挥最大力量的能力,是速度和力量的结合。运动员的速度力量是通过提高肌肉用力的能力以及提高肌肉收缩的速度来提高的，而力量的决定因素是肌肉收缩速度，提高力量是提高速度力量的有效途径，其代表性训练是爆发力训练。

在竞技性健美操中速度力量常表现为爆发力，如弹跳力、手臂推起力、操化动作的爆发力、腰腹收缩力等。爆发力训练是在保证动作技术规格的情况下尽量快速完成动作，以培养肌肉快速收缩能力，适应健美操高速度和大幅度完成动作的特点。目前爆发力训练多采用各种超等长练习，其原理是肌肉先做退让工作，并且肌肉被极度拉长，然后在最短时间内转入克制工作并快速收缩，如各种跳跃、深跳、单腿跳、分腿大跳、跳台阶、倒地俯卧撑等练习。

发展爆发力训练的负荷强度应以项目和个人力量能力需要而定，参照竞技体操项目确定的负荷强度，可采用自身体重40%~60%的负重练习，或者克服自身体重练习。练习的重复次数和组数不可太多，一般每组次数以动作速度不明显降低为准。应尽量以最快速度（极限或接近极限速度）来完成每一次练习，休息时间要充分，但不宜太长。训练中应注意以下问题：

（1）从较小负荷强度开始，逐步增加负荷强度，每个练习都要产生最大幅度和速度感，强调动作的连贯、自然、流畅。

（2）在初中级训练阶段，速度能力发展相对缓慢，提高速度力量主要是以发展肌肉最大力量为途径。

（3）为克服神经对负荷的适应性，速度力量发展要经常变换刺激强度，应最大强度、中强度、小强度不断变换进行训练，调节神经肌肉对于刺激的适应程度，促进速度力量能力的不断发展。

3. 力量耐力训练

力量耐力是指肌肉在静力性或动力性工作中长时间保持肌肉紧张而又不降低工作效果的运动能力，是力量与耐力的综合能力。健美操力量耐力训练内容主要为快速力量耐力和静力性力量耐力。循环训练法是发展健美操力量耐力有效训练方法。

循环训练法应根据训练的具体任务，结合专项特点和内容，把发展上肢、肩带、腰部、下肢的力量练习建立若干练习站，运动员根据规定的顺序、路线依次完成每组练习内容和次数，反复循环练习。在初级训练阶段应以一般力量耐力训练内容为主，中高级训练阶段应以健美操成套中已掌握的各力量难度动作组合为主，并把动力性力量和静力性力量练习结合在循环训练中。

一般力量耐力的增长表现在重复次数的增加上，每次练习要力争增加重复次数，当重复次数超过项目特点需要时，就应增加负荷重量。应采用25%~60%的负荷强度，坚持尽可能长时间或重复尽可能多的次数，并在肌体尚未完全恢复时就开始下一组训练。

训练中应注意：发展力量耐力的练习重复次数最为重要，重复次数视运动员而定，组数不宜太多，不能以组数来减少练习的重复次数，以免影响训练效果。

4. 静力性力量训练

静力性力量是肌肉收缩产生的力量，可以完成某种静止不动的用力动作或在整个动作中肢体不产生明显位移运动的力量。在健美操中，各种平衡、支撑、托举以及躯干直而稳固的控制力等都以静力性力量完成，所以练习内容应选择健美操静力性的难度动作和同伴配合性的静力动作，以及动静结合的复合型力量组合练习。除此之外，还应注意采用能发挥最大肌力的角度，以取得最大的训练效果。在训练课中，静力性力量与动力性力量练习应交替进行，动力性力量练习在前，静力性力量练习在后。静力性力量训练也可向静力性力量耐力训练转化。

静力性力量训练内容应结合专项动作，达到专项要求的阻力和肌肉高强度的紧张程度。运动强度范围为60%~100%，可采用负重和克服自身重量的练习。训练中要注意：应以憋气完成静力练习，一般情况下，在100%负荷强度时，憋气时间为2~3秒；80%~90%负荷强度时，憋气时间为4~8秒；60%~70%负荷强度时，憋气时间为6~10秒。少年儿童在训练中憋气时间不宜过长，成年运动员每次应坚持尽可能长时间的静力动作练习，休息时间要充分。

（二）力量素质训练的手段

根据以上力量训练方法，可采取以下发展前臂、上臂、肩、胸、臂、腰、臀、大腿、小腿等肌肉群力量的各种手段。

1. 上肢和肩带力量训练

（1）推撑力量。

一般练习：利用体操凳进行的一般俯卧撑，推倒立，双杠屈伸，站立推举杠铃、仰卧推举杠铃、俯身提拉杠铃，持哑铃的手臂练习包括前上举、侧上举、俯身上举、腕屈伸等。

俯卧撑动作练习：双臂、单臂、肘侧倒、肘后倒、单腿、后举腿、分腿、背水平、推起、腾空转体的俯卧撑、跳起落成双臂和单臂俯卧撑等。

（2）直臂支撑力量。

一般练习：脚位置放高的仰撑、侧撑、俯撑以及靠倒立静力练习、爬倒立、双杠支撑和摆动、双杠支撑移动、鞍马支撑移动。

支撑动作练习：后举腿支撑、分腿支撑、背水平支撑、直角分腿支撑、直角分腿并腿、高直角支撑、支撑转体等。

（3）托举力量。

一般练习：推举杠铃并顶举一定时间。

托举同伴练习：同伴可选择平卧、站立、直角玄撑、俯撑等姿势练习。

（4）拉引力量：引体向上、爬绳等。

2．躯干力量训练

（1）腹肌力量。

各种仰卧收腹练习：起坐、举腿、两头起、举腿绕环。

各种悬垂收腹练习：举腿、举腿绕环、起上体。

各种快速踢腿练习：扶肋木前踢腿、原地和移向前高踢腿跑跳。

（2）背肌力量。

在高位上的俯卧抬上体、两头起背肌、摆腿。

扶肋木的快速后踢腿、原地和移动向后高踢腿跑跳。

（3）侧腰肌力量。

侧卧起上体、仰卧体转起坐。

扶肋木的快速后踢腿、原地和移动的向侧高踢腿跑跳。

（4）躯干控制力量。

仰卧：脚和肩背分别置于体操凳上，身体伸直保持一定时间，腹部可负重。

俯卧：脚和前臂分别置于体操凳上，身体伸直保持一定时间，背部可负重。

直角支撑、高直角支撑、背水平支撑下的躯干控制力量练习。

3．下肢力量训练

（1）弹跳力。

一般练习：连续深蹲跳练习、连续蹬跳 10～20 米、跳短绳、跳台阶、连续起踵，可负重、单腿和双腿做，跳绳和跳台阶还可两腿交替做。

大跳动作练习：各种连续双腿和双腿起跳的大跳步包括纵跳、团身跳、分腿跳、屈体跳、横劈叉跳、纵劈叉体、转体跳、交换腿跳、前跨跳、侧跨跳等，各种跑跳和高踢腿组合练习可负重做。

（2）落地缓冲力量。采用负重半蹲起和静止负重半蹲的交替练习，可肩扛杠铃或同伴，练习时并行开立，膝稍内扣，上体直立，下蹲到半蹲姿势（膝关节角度约为135°），保持一定时间，然后直立。

（3）控制力量。采用扶肋木和不扶肋木的前、侧、后扳腿和空腿，前屈后控腿平衡等练习，可负重做。

（三）力量素质训练时的注意事项

第一，必须掌握每个练习要发展的是哪部分肌肉力量，属于何种性质的力量，分清不同类型的力量训练的负荷强度、负荷量以及间隙时间的特点。发展最大力量主要依靠发展肌肉间的内协调。

第二，结合专项力量性难度动作训练，达到技术和力量同步发展。

第三，在全面发展大肌肉群和主要肌肉群力量的同时，注意发展小肌肉群力量，均衡发展身体两侧肌肉群力量，还要重视肌肉与肌肉群之间的协调训练。

第四，应注意培养肌肉的紧张与放松的调节意识以及呼吸动作的协调配合意识。在训练课中应将发展相对力量、速度力量、静力性力量训练安排在前，将发展力量耐力训练安排在后。

### 三、健美操耐力素质训练

耐力是指肌体长期工作抗疲劳的能力，疲劳是影响和限制运动训练和运动成绩的主要因素之一，运动员在训练和比赛中克服疲劳的能力，反映了其具有的耐力能力水平。耐力素质是身体能力重要的组成部分之一，从事任何运动项目都必须具备相应的耐力水平。耐力素质分为一般耐力和专项耐力。

根据竞赛规则，竞技健美操成套动作时间在1分45秒左右，并以高速度高强度下连续完成难度和健美操动作步法组合，所以健美操运动员的专项耐力是以无氧耐力和肌肉耐力为主。无氧耐力是指肌体在氧气供应不足的情况下，能坚持较长时间工作的能力。由于有氧耐力是无氧耐力的基础，在发展无氧耐力的同时，必须适当发展有氧耐力。肌肉耐力是指运动员肌肉系统在一定的内部与外部负荷的情况下，能坚持较长时间或重复较多次数的能力。

（一）耐力素质训练的方法

1. 有氧耐力训练

健美操运动员有氧耐力训练主要是提高心血管和呼吸系统的有氧供能能力，一般采用持续训练和间歇训练两种训练方法。

（1）持续训练法。这种训练总负荷量较大，持续时间相对较长（不少于30分钟），没有明显间歇，练习强度较小，比较恒定，负荷强度平均心率一般控制在140～160次/分，优秀运动员可在160～170次/分。

（2）间歇训练法。这种训练一次练习的负荷时间至少在5分钟以上，负荷强度中等（平均心率控制在160次/分左右），当每组间歇时，要求运动员在肌体尚未完全恢复时就进入下一次练习，一般以心率下降至120次/分为确定间歇时间的依据。整个训练的持续时间至少保持30分钟以上。

2. 无氧耐力训练

健美操运动员无氧耐力训练主要是提高心血管和呼吸系统的无氧供能能力，一般采用重复训练法和间歇训练法。

（1）重复训练法。这种训练一次练习的负荷时间为30～120秒，负荷强度大（平均心率控制在180次/分以上），间歇时间应充分，当肌体完全恢复后就进入下一次练习。

（2）间歇训练法。这种训练一次练习的负荷时间为40～90秒，负荷强度大（平均心率控制在180次/分），间歇的时间不充分，心率下降至120次/分就进入下一次练习。

（二）耐力素质训练的手段

1. 一般耐力训练

（1）发展有氧耐力。

5分钟以上循环练习：把8～10种上下肢、腰腹力量以及弹跳力的一般素质练习按一定顺序、数量组合起来循环进行练习。

1000米以上的长距离跑，5分钟以上跳绳。

要求：5分钟以上的练习，组数在3～5组。

（2）发展无氧耐力。

300～400米变速、综合跑：把向前跑、后退跑、交叉步跑、侧滑步跑快慢结合在每一段距离中进行。

200米间歇接力跑：4人一组进行。

1~2分钟反复跑台阶。

要求：5分钟以上的练习，组数在6~8组。

2．专项耐力训练

（1）发展有氧耐力。

5分钟以上专项循环练习：把8~10种上下肢、腰腹力量以及弹跳力的专项素质练习或成套的难度动作按一定顺序、数量组合起来循环进行练习。

5分钟以上基本成套动作练习（不加难度动作）。

多成套或超成套练习；加难度动作练习。

持续30分钟以上的有氧操。

要求：5分钟以上的练习，组数在3~5组。

（2）发展无氧耐力。

1~2分钟各种高低冲击力的健美操步法组合。

1~2分钟各种高踢腿跑跳组合。

2分钟以下的健美操成套练习。

要求：重复6~8组。

（3）发展肌肉耐力。

结合力量训练的手段，尽可能多地重复练习次数，重复组数在4~6组，负荷强度在40%~60%，间隙时间为3~5分钟。

（三）耐力素质训练时的注意事项

第一，耐力训练必须结合健美操项目的特点要求，掌握持续训练法、间歇训练法、重复训练法在发展有氧耐力和无氧耐力中负荷强度、负荷量、持续时间、间歇时间的不同特点，科学合理调控好运动负荷。

第二，有氧耐力训练和无氧耐力训练相结合，在发展无氧耐力的同时发展有氧耐力，根据不同训练时期和不同的对象，其比例也不同，随年龄增长和训练水平的提高进一步发展专项耐力。

第三，耐力训练时要有一定的技术要求，每一项练习都要全力以赴，注意呼吸方法、节奏和深度。耐力训练只有超过比赛的量和强度，才能切实提高效果。为此，在注意运动员所能承受的生理负荷的同时，更要重视培养运动员顽强、刻苦、拼搏、耐劳的意志品质，提高心理的承受能力。

### 四、健美操速度素质训练

速度素质是指人体快速运动的能力，包括人体快速完成动作的能力、对外界信号刺激快速反应的能力以及快速位移的能力。竞技性健美操规则规定音乐速度必须在每10秒26拍以上。健美操中的速度素质主要是指动作速度，要想动作和音乐速度配合完整，就必须注重动作速度。动作速度主要体现在动作节奏和肌肉松紧程度的迅速变化上，并善于使身体各个部位随音乐节奏和节拍的变化而做出相应的快速变化，以及用最快的速度熟练地完成整套动作。为了发展动作速度素质，应结合健美操的有关动作进行训练。

（一）速度素质的训练方法

1. 动作速度训练

通过反复地在快速运动中完成两个或两个以上技术动作相结合的练习，逐步提高运动员技术动作的熟练程度，提高肌群间的协调能力，建立巩固的动力定型，是提高运动员动作速度的主要方法。应先进行单个动作的练习，然后进行多个动作的连接练习。

（1）利用冲刺跑和中高速跑练习动作速度，速度练习包含从静止到最大速度的疾跑阶段，这是提高速度最重要的前提。

（2）利用下坡跑、加速跑和后蹬跑练习不同状况下的动作速度。在进行专门练习时，可采用将不同特点的两三个动作或组合连续运用的方法，提高完成不同动作的速率。

（3）单位时间内快速完成动作数量的训练。利用规定的时间一分钟或30秒进行快速跳绳、高抬腿跑等的数量练习，单位时间内完成数量越多效果越好，但一定要保证动作的规格和质量。

（4）利用负重法进行技术训练。初练时练习者可以穿上沙护腿、沙背心等具有一定重量的辅助器具进行各种技术动作的完整练习，熟练后去掉负重，会提高动作的速度。

（5）利用比赛法进行训练。利用比赛时运动员高度兴奋、最大速度可能大大增加的机会进行专门训练。

2. 反应速度训练

改善中枢神经系统、缩短神经传导的时间是提高反应速度的关键。要训练运动员习惯于在接受刺激前肌肉处于有准备的状态，增加刺激强度，提高感觉器官的机能和场上经常出现的由于各种刺激而引起的反应所做的动作，进行反复的练习，以建立巩固的条件反射。具体训练方法如下：

（1）听、看信号的起动跑。

（2）坐地站立起动跑。

（3）10～30秒的原地高抬腿快速跑。

（4）前、后、鱼跃滚翻起动跑。

（5）跨步、多步跳接起动跑等。

3．移动速度训练

发展运动员的移动速度，应大量采用田径运动中训练短跑运动员的训练方法。

（1）发展起动速度练习：可采用各种姿势的15～30米起跑练习，如正面、背面、站立、下蹲、侧身站立、跳起落地或假动作后加速跑；也可采用4～6秒最大速度起动跑，每组4～6次，伴有20～30秒积极性间歇，做3～5组，组间休息5分钟。

（2）发展最大速度的练习：可采用50～60米的加速跑，每组做20次，每次间歇30秒；共5组，每组间歇6～8分钟。

（二）速度素质训练时的注意事项

第一，速度素质练习的持续时间不能过长，以使每次练习都能以高能磷酸原代谢为主供能途径，一般应保持在20秒以内。

第二，多采用85%～95%的负荷强度，练习的重复次数不宜过多，以免训练强度下降。

第三，确定间歇时间的长短，使运动员肌体得到相对充分的恢复，以保证、下一次练习的效果。休息以拉伸为主。

### 五、健美操协调与灵敏素质训练

协调与灵敏是健美操运动员不可缺少的基本素质，这是由健美操动作千变万化的特点决定的。灵敏素质是指在各种突然变换的条件下，能够迅速、准确、协调地改变身体运动的能力。对一名健美操运动员来说，在千变万化的动作中，必须做到规范、协调、明快、优美，如果不具备灵敏性是不可能做到这些的。

### （一）协调与灵敏素质训练的方法

（1）练习不同习惯的开始姿势，如不对称动作。

（2）反向完成动作（镜面练习）。

（3）采取游戏的方式使动作复杂化。

（4）改变动作的速度和节奏，如为区别完成动作的速度，可采用不同的音乐节拍完成同样的动作，或用不同的时间完成同一组动作。

（5）要求创造性地改变完成的动作方式，如要求运动员不许做相同的练习。

（6）引入要求适应改变动作的辅助性信号和条件刺激物（如灯光、声音等）。

### （二）协调与灵敏素质训练时的注意事项

第一，协调与灵敏素质训练的时间不宜过长，练习的重复次数不宜过多。因为当肌体疲劳时，力量就会减弱，速度下降，平衡能力差，节奏遭到破坏，不利于协调与灵敏素质的发展；当一个人对某一动作技能熟练到自动化程度时，该动作对发展其协调与灵敏素质的意义就不大了，甚至基本失去作用。

第二，一般应安排在训练课的前半部分，在练习者体力充沛、精神饱满时进行。

第三，练习与练习之间要有足够的休息时间，以保证体力，但休息时间不要太长，以免神经系统的兴奋性大幅度下降，练习时间与休息时间的比例可控制在1∶3左右。

第四，协调灵敏训练也应具有健美操项目的要求，采用相应的手段和方法，使训练做到与专项要求相一致。

## 六、健美操身体姿态与表现力训练

### （一）健美操身体姿态训练

正确的身体姿态是表现健美操健、力、美的关键。正确的身体姿态训练一般经过两个阶段：第一阶段，建立正确的动作姿态，使其形成动力定型，如通过正确的脚背弓绷和上下肢的屈伸等动作，建立正确的本体感觉；第二阶段，在通过健美操训练塑造健美形体的同时，还要美化充实心灵，要求训练时寓感性于动作姿态之中，使其具有感染力。健美操身体姿态的训练方法如下：

（1）身体部位不同方向定位的立体感练习。例如，可以通过腿向不同方向的屈、伸、踢、绕、弹动、跑和跳，髋部平移、转动、翻动、扭动躯干部，胸、腰肌肉群紧张与放松、上肢屈、伸、摆、绕、旋转等练习，来建立身体各部位的准确姿势所必须具有的本体感觉。

（2）把杆练习。紧密结合健美操项目的训练特点，重点应训练脚背的勾绷、下肢的延伸、挺拔和开度以及对身体各部位肌肉的控制和用力等练习。例如，可借助把杆练习不同方向的踢腿、控腿、弹腿、身体屈伸、波浪、移动、软体等动作。

（3）律动训练。通过屈伸、绕环、摆动、波浪、弹性、松弛等律动性强的基本练习，掌握全身各部位参与运动的正确方法和用力节奏，使身体运动的幅度增大，韵律感增强。

（4）舞蹈训练。通过舞蹈基本步法及动作训练，充分发展胸、腰、髋部潜在的表现力。在锻炼躯干部位灵活性的同时，培养优美的姿态、漂亮的手势、灵活的关节，以及身体各部位的综合协调能力与表现能力的统一。

（5）节奏感。健美操是在音乐伴奏下进行的身体练习。节奏感好，可以保证动作协调、有力、效果好。节奏感的训练手段主要有：①识别音乐节奏和主旋律的练习。从学习乐理开始，进而听音乐节拍（重音），并按节拍做出击掌式跳步练习；②在相同节拍、相同旋律的音乐伴奏下完成身体各部位不对称动作的组合练习；③组合动作不变，在各种音乐风格和不同主旋律的伴奏下进行练习，使运动员加深对节奏及其与动作关系的理解；④采用不同风格、不同节奏、不同特点的音乐伴奏，完成整套技术的动作练习，音乐节奏特点与主旋律内涵通过动作表现出来，达到动作与意境的完美结合；⑤采用同样的音乐伴奏、同样的组合动作，对节奏进行不同的处理，使运动员从多方面理解音乐节奏以及节奏与动作的关系。

（二）健美操表现力训练

一套完整优美的健美操如果缺乏生动的表现力，将失去健美操的生命力。表现力是通过面部表情和身体动作两方面表现来完成的，淳朴、自然、真实、富有激情的表现力，能给人以美的享受，会起到感染人、激励人的作用。表现力的训练包括神态、气质和风格三个部分。健美操表现力的训练方法如下：

（1）神态训练。神态主要指表情和身体姿态的完美统一，需要通过教师的启发，引导运动员自身情感的投入，并经过艺术加工，使举止有情、动作有意。

（2）气质训练。气质是内在的品质，其外部表现应该是刚强与柔韧的有机结合。健美操动作中有很多具有刚与柔的双重性，如踢腿动作，既要快速有力，又要踢得高且富有弹性，同时上体挺拔、面带微笑、自然朴实，给人以刚毅和自信感。

（3）风格训练。由于每个人所受的文化教育、地域风俗、民族特点的影响不同，其技术风格也不相同。所以我们要根据每个人的文化背景，扬长避短，突出其特点地进行训练。

### 七、健美操心理素质训练

（一）健美操心理素质训练的内容

在高校健美操教学中，心理素质训练是指体育教师运用一定的手段和方法使学练者形成使用健美操教学、训练、表演和比赛要求的心理状态的过程。心理素质能有效改善大学生的心理素质和心理适应能力，激发他们的运动潜力，促使他们正常发挥或超长发挥技术水平。在具体教学实践中，体育教师的心理素质训练内容如下：

（1）培养大学生参与健美操教学的兴趣。兴趣是学习的重要动力。大学生只有对健美操运动充满兴趣，才能积极、主动地投入健美操教学。就目前来看，我国很多高校的大学生都比较偏爱于选择田径、篮球、足球、游泳的常规体育项目，而对健美操项目兴趣不高，体育教师有必要培养大学生参与健美操教学的兴趣。

（2）强化大学生的健美操运动知觉。健美操的学练过程是一个知觉、了解和认识的过程。健美操运动通常有欢快的伴奏音乐，并且需要大学生穿上精美的服饰、拿上专用的道具。若大学生没有较强的知觉，就无法跟随音乐的节拍做出正确的动作，无法与队友完成流畅的配合，也无法通过肢体语言与面部表情表现出健美操的魅力。知觉来自感觉，但不同于感觉，它是各种感觉协同活动的结果。若没有较强的知觉，大学生在健美操表演或比赛中会出现很多失误，形成很大的心理负担。

（3）注重大学生的表象训练。健美操所有的动作都是在一定的时间和空间内进行的。在教学过程中，体育教师要让大学生懂得健美操每一个动作或每一套动作的时间表象与动作表象。其中，时间表象包括速度、频率、持续时间，而空间表象包括方向、路线、幅度与力量。建立正确的时间表象与空间表象，能够让大学生在进行健美操表演或比赛时坦诚、自信，做到胸有成竹。

（4）培养大学生的思维能力。在健美操教学中，首先，要培养大学生的记忆思维。良好的记忆思维能够让大学生准确、牢固地记住健美操教材中的知识点，以及体育教师给他们做的动作示范。其次，要培养大学生的逻辑思维。逻辑思维是大学生衔接新旧知识的重要能力。最后，要培养大学生的创造性思维。体育教师应让大学生在学练过程中勇于冲出思维定式，积极探索与实践新的技术动作。

（5）加强大学生的意志训练。对于初学健美操的大学生而言，他们在学练过程中必然会遇到很多困难，如动作不协调、柔韧性差、音乐节奏跟不上等。当出现这些问题后，体育教师一定要鼓励大学生坚持下去，培养他们坚强的意志和顽强的毅力。对于那些身体素质较弱的大学生，体育教师要根据他们的实际情况有针对性地为他们制订训练方案，并在训练过程中时刻关注他们的心理变化，发现问题，立刻给予纠正。

（二）健美操心理素质训练的方法

在高校健美操教学实践中，大学生学习成绩的好坏受心理因素的影响很大。因此，体育教师在教学中一定要注重对大学生进行适当的心理干预。

（1）表演训练。在教学中，体育教师要鼓励大学生参加各种健美操表演活动，或在校园内表演，或在校园外表演。与比赛相比，表演具有很强的娱乐性，没有严谨的比赛规则约束，大学生可以在一种轻松、自由、愉悦的状态下享受健美操运动带来的乐趣。通过表演，大学生平日的学习压力、生活压力与情感压力会得到充分释放，形成自信、坚强与阳光的心态。在教学实践中，表演训练法通常安排在阶段训练的后期和比赛的前期进行。

（2）模拟比赛训练。体育教师应定期组织大学生进行健美操模拟比赛训练，模拟训练，是指体育教师按照健美操比赛的条件和相关要求专门安排的训练。由于比赛环境相似，且比赛规则使用真正的健美操比赛规则，大学生在参与时能够产生一种仿佛在正式比赛的心理状态。虽然与真正比赛有一些差异，但这种训练方法可以有效培养大学生的实战心理，提高他们的自我控制与自我调节能力。经常参与这种训练，能够有效培养大学生在赛场上的适应能力与应变能力。模拟训练应贯穿于健美操日常训练中，为了增强训练效果，体育教师应寻求学校领导与后勤人员支持，全力模拟出最接近真正健美操比赛的环境，以增强对大学生的刺激。模拟训练越接近真正的健美操比赛，心理素质训练的效果越好。模拟训练的方法既可以是语言形象模拟，也可以是实景模拟。采用何种模拟，由体育教师根据学校的软硬件条件与学生的学习需求而定。

（3）表象训练。表象训练又称为念动训练，它是指体育教师运用健美操的运动表象，并结合大学生的自我暗示，让大学生在头脑中重复再现过去完成的正确动作形象，回忆与再现，唤起他们临场感觉的训练方法。表象训练能够有效提高大学生的表象再现能力与表象记忆能力，调节他们的紧张心理，使他们把注意力集中在正确的动作技术上。在教学实践中，体育教师应在大学生学习成套动作间歇时间与比赛开始前进行表象训练。在表象训练中，体育教师要强调大学生认真细致完成动作时的肌肉感觉。一个动作练习的念动要连续重复5～6次，持续时间是10～30分钟。大学生在训练时要高度自觉，体育教师要鼓励大学生在每天早起之后或每晚睡前1小时自行进行表象训练。

（4）自我提示训练。自我提示是指大学生在完成动作时，有意识地对完成的动作进行检查而采用的训练方法。运动结束后，良好的自我提示能够大大提高大学生肌肉收缩的速度力量、节奏感与准确性。同时，它还能有效增强大学生的注意力。根据健美操的项目特点，大学生自我提示的内容主要有动作的关键性要领与完成动作时的顺序。刚开始训练时的自我提示最好说出声，这样能加固记忆。等训练一段时间后，可以在心中默念。动作完成后，及时的自我提示能大大减轻大学生的紧张心理，提高他们接下来动作的稳定性与准确度。

（三）健美操心理素质训练时的注意事项

在高校健美操教学中，运动技能训练属于生理训练，它解决的是大学生的力量、速度、耐力、柔韧、灵敏度等问题。与生理训练不同，心理素质训练解决的是大学生在健美操学练过程中的心理障碍，如胆怯、自卑、紧张等，促使他们在比赛中发挥出应有的技术水平。基于高校健美操教学的特点与大学生身心发展实际，体育教师对大学生进行心理素质训练时需要注意以下几点：

第一，始终坚持"以人为本"。每个大学生由于身体素质、心理素质、学习能力与创新能力与实践能力的不同，在学练健美操时也暴露出不同的心理问题。体育教师应根据不同大学生的切身实际为他们制订出最适宜的心理素质训练方案。在心理素质训练过程中，体育教师要充分肯定每个大学生的自我意识，尊重他们的个性特征与兴趣爱好。体育教师要格外注重他们的发展性，要以健美操教学培养与发展他们的终身体育意识。

第二，注重心理关怀与疏导。与生理上的问题不同，心理上的问题产生后可能会给当事人带来很长一段时间的影响。健美操运动技术复杂，大学生必须要经过长期、刻苦地学练方能掌握。体育教师不能仅仅在课堂上指导一下，而是要在课程结束后从"教师"转变为"朋友"，与大学生开展心与心的交流，不仅要关怀他们的课上表现，还要关怀他们的课下生活。

第三，加强体育教师心理素质训练方面的教育与培训。就目前来看，我国许多高校的体育教师都具备较强的运动技能教学能力，但在心理素质训练方面能力欠缺，无法快速、准确、有效地解决大学生在健美操学习过程中出现的心理问题。高校领导应加强体育教师在心理素质训练方面的教育与培训，在具体工作中，高校领导应定期组织体育教师参加学校、地区、全省乃至全国举办的有关于健美操心理素质训练方面的专题学习。为了增强效果，高校有必要将心理素质训练纳入体育教师考核评比中。

高校健美操教学对大学生的健康成长具有重要意义，在健美操教学实践中，体育教师应根据当代大学生的身心发展实际，从表演训练、模拟训练、自我提示训练与表象训练入手，培养大学生的心理素质，提高他们的竞技能力。

## 第四节 念动训练在健美操技术训练中的创新应用

念动训练法也叫动作表象训练法，健美操教学涉及的内容较多，用时较长，在教学上和其他项目相比存在一定的差异，如果能将念动训练法恰当地引入健美操教学，将会对健美操教学起到非常好的作用。在教学方式日益多样化的今天，探索利用念动教学法来进行健美操的训练和教学具有十分重要的意义。

### 一、念动训练法在健美操技术训练中的作用

第一，念动训练法有助于学生掌握动作技术。在健美操教学中，教师对健美操的技术动作进行示范和讲解，使学生在头脑中形成关于健美操动作的基本表象，但是学生对健美操技术动作的细节却不是很清晰，在练习技术动作时对动作的想象和回忆的效果较差，只能凭借单纯的动作模拟进行多次重复的动作训练，但是就算这样，学生最终也不能完全理解和掌握动作细节。而采用念动训练法，可以提高学生学习健美操的心理积极性，使其在念动中更加明确动作技术要领，增强

运动中枢和神经中枢的协调配合，同时通过默念来排除其他的刺激和干扰。这样学生在进行健美操技术训练时就不会盲目，头脑中的表象也会更加清晰，有利于学生理解、掌握技术动作。

第二，念动训练法有助于学生形成动作表象。通过教师的讲解和学生的初步训练，学生对健美操形成了较为完整的动作技术表象。这时可以通过默念来分化某些精细技术动作，然后再进行训练。原先的练习是运动中枢参与的练习，随后的默念则通过语言中枢来影响运动中枢，进而进行相应动作的训练，这样会使健美操的节奏、动作幅度、强度等进一步合理化。通过反复的训练，最终达到动作技术的最优化。

第三，念动训练法有助于学生改进和巩固动作。教师的讲解和学生的念动同时进行，可以有效地防止一些健美操错误动作的形成，使学生的中枢神经系统与运动系统不会产生旁路。边练边念，能通过听觉中枢影响运动中枢，控制运动中枢神经联系，将泛化的范围和强度压缩到最小，缩短学生学习动作的过程，增强所学动作的牢固性。互相念动，使"念"与"动"的学生动作都得到刺激和强化，有助于学生学习过程中动作的改进和巩固。

第四，念动训练法有助于启发学生思维。思维和动作是密切联系的，没有动作就不可能有思维的存在。念动训练法在健美操技术训练中的应用就是利用了动作和思维的这一特点，通过念动对健美操的技术动作进行分析、体会、综合、比较等，在学生对基本的健美操技术动作进行充分的感知后，建立起正确的动作表象。

## 二、念动训练法在健美操技术训练中的应用

在健美操技术训练中，采用念动训练法可以快而准确地提升和巩固健美操的各种技术动作。在体育教学训练活动中，运用念动训练法可以较好地提升学生的动作技能，这不仅是因为念动训练法的新颖性和有效性，更重要的是念动训练法符合体育项目各种动作技能学习的特点，符合体育动作要经过反复训练、反复思考、反馈强化而获得巩固的特点。

（一）念动训练法在基本部分中的应用

基本部分是健美操技术训练的重要部分，也是一个重要的环节。在这个环节中方法的选择非常重要。将念动训练法应用于健美操教学训练将会产生特殊的

作用。

在传统的健美操教学中，教师的教学步骤一般是这样安排的：首先是教师讲解和示范；然后是学生练习。在学生练习的过程中，教师指导学生纠正错误，纠正错误后再继续进行练习。在这个过程中，教师的讲解示范是一种直观的对学生听觉和视觉的刺激，使其在大脑中产生动作的表象。如果在教学和训练的过程中加入念动环节，就会显著提升健美操技术训练的效果。

加入念动后的教学步骤就变为：首先是教师讲解示范；然后是学生根据教师的讲解示范进行念动，念动后，学生进行第一次练习；经过第一次练习后进行第二次念动，这次的念动和第一次的念动有所区别，念动结束后，进行第二次练习；然后是教师纠正错误；最后进行第三次学生练习。所以，在整个健美操的教学中，念动是循环进行的。然而两次念动又有所区别，第一次是对教师动作的回忆，第二次是对自己健美操技术动作的巩固和提升。

（二）念动训练法在结束部分中的应用

结束部分是学生放松恢复的阶段，同时也是学生总结回顾的阶段。这时，学生要对本课进行小结，教师可以让学生安静站立，双目紧闭，教师用语言指导学生对本课的内容进行回顾，这种回顾就像是在学生的大脑中放电影，同时也是一种念动过程，通过念动，学生可以总结这节课的学习重点，加深对健美操技术的印象，同时也有利于学生放松身心。

### 三、念动训练法在应用中的注意事项

第一，对于不同训练水平的训练者应有不同的侧重点。技术动作正确与否对于念动训练法来说意义重大。进行过健美操正规训练的健美操运动员和没有接触过健美操的学生是不一样的，接受过正规训练的运动员，其动作技能虽然没有形成正确的动作定型，但是他们基本上掌握了正确的健美操基本技术和姿势，这个过程正处于分化向巩固过渡的阶段，如果在这个过程中采用念动训练，将会对训练产生十分重要的作用，能明显提升健美操技术动作的表现力。但是对于初级学习者来说，在他们尚未对健美操技术动作形成正确的理解和基本的掌握之前就采用念动训练法，将会导致错误动作难以纠正，正确动作难以习得。对于已经形成动作定型的运动员来说，运用念动训练法也不利于其纠正错误动作，不利于提升健美操水平。在健美操技术训练的过程中，初期正确的动作技术训练是非常重要

的，在正确教学技能训练的前提下采用念动训练，进行反思体会，才能达到比较好的效果。

第二，要充分发挥教师的引导作用。教师在进行健美操技术训练前要向学生阐述训练的目的、意义以及训练原理。这样能使学生对训练内容建立正确的学习方向，同时明确各种技术动作的用力情况和用力时机，体会动作练习的各种感觉，进而有的放矢地进行训练。如果学生的技术动作做得非常正确，教师要及时引导他们对技术动作进行追忆，这是技术训练成功的关键因素。对于不能很快掌握动作要领的学生，教师要循序渐进，不能急功近利。教师要积极引导学生克服各种不良学习态度。教师还要对各种教学课和比赛进行分析，对主要的需要追忆的材料进行整理，让学生对重点和难点进行及时追忆，念动学习，最终使各种技术动作得以定型。

第三，运用念动训练法要遵循教学规律。念动训练也要遵循一定的原则，这个原则就是由短时记忆向长时记忆变化。在念动训练前，教师的讲解、示范要准确、简单、清晰，这样学生才能在大脑中获得正确的动作表象，形成正确的动作定型。与此同时，为了增强对健美操技术动作的记忆，加深印象，要让学生多看示范，多练习，多回顾，特别是要有选择地进行观察学习，对于不易掌握的、不易学习的技术动作要仔细观察，深入理解，加深印象，并反复进行练习、念动，从而建立正确的动作表象。

在训练中教师应将念动训练法和其他训练方法结合起来同时使用，在健美操技术训练中，如果单纯地使用念动训练法，训练效果并不显著，只有将念动训练法和其他训练方法有机地结合起来，才能使训练获得满意的效果。运用念动训练法要注意连贯性，不仅要将念动训练法运用于健美操的课堂教学，而且还要将其运用到平时的课余训练中，这样才能保证训练的连续性。

将念动训练法合理运用于健美操教学和训练，能有效提升健美操的教学效果。教师应根据健美操的教学内容，将念动训练法有机融入健美操教学，这样既有利于学生技术动作的形成，又能加深学生对技术动作的理解和掌握。同时，教师在训练中要贯彻讲练结合、想练结合的训练方法，只有这样才能取得健美操技术训练的最佳效果。

# 第六章 健美操运动多元发展创新趋向研究

## 第一节 健美操运动的发展现状与趋向

### 一、健美操运动的发展现状

（一）新媒体视角下的健美操发展现状

新媒体主要是指与传统媒体不同的新型媒体，其具有传播形式多样化、内容更新快等优点。与传统的广播、电视以及报纸等媒体相比，新媒体更加倾向于互联网以及手机电视等媒体。与传统的媒体传播方式不同，手机电视的传播更加具有随时性，其可以随身携带，通过对手机的应用，可以及时了解一些实时新闻。同时，手机电视也可以随时的发送短信以及语音等，进而实现实时的互动。手机电视还具有一定的分众定向性，比如：通过手机报，人们可以选择自己喜欢或者感兴趣的信息，让信息的传播更加具有针对性，很大程度上节约了人们的时间和精力。

新媒体时代下，互联网的普及和应用，使得信息的内容更加丰富，更新的也越来越及时。在实际的生活中，互联网可以不受时间和空间的限制，人们可以随时随地接收到发生在世界各地的最新消息。这种情况的出现，也为健美操的推广和宣传提供了有利条件，有利于健美操的良好发展和进步。同时，信息时代下，健美操的传播方式也越来越具有创新性，比如：在利用互联网对大型晚会或者比赛等进行报道过程中，可以通过文字以及手机报等方式进行连续播放，给人们一种视觉以及听觉上的冲击。此外，在通过互联网进行传播的过程中，其还具有较强的互动性，人们不在被动的接收信息，而是可以根据自身的喜好进行选择。

1. 新媒体对健美操发展的影响

在新媒体时代下，互联网以及手机等的普及，为人们的生活提供了更大的便利，人们可以随时随地的获取健美操的最新信息，让健美操的宣传方式变得更加自由、高效，宣传的主题也变得越来越广泛，在降低宣传成本的同时，也让健美操得到了很好的推广，对健美操的发展有着很大的促进作用。比如：2016年在韩国银川举办的第十四届健美操世界锦标赛，各界人士可以通过微博、软件等新兴媒体对赛事进行实时的关注，也可以通过手机观看直播，让人们可以第一时间了解比赛的概况。这种方式的传播和推广，很大程度上打破了传统媒体的限制，让健美操的传播更加具有时效性，有利于健美操的良好发展和进步。

与报刊、电视以及广播等传统的媒体相比，新兴媒体的传播速度更快，时效性也比较高，很大程度上满足了社会发展的需求，有利于健美操的推广和发展。在健美操的发展过程中，通过对新媒体的应用，让人们足不出户就可以了解世界各地发生的大事小情，并且视听合一，弥补了传统媒体的不足，让健美操的宣传视野和渠道变得越来越多样化，有利于健美操的未来发展。

近年来，社会的发展越来越迅速，科技也得到了很好地发展和进步，互联网也得到了普及，网络资源也越来越丰富，使得人们的生活方式变得越来越丰富。在健美操的推广和宣传过程中，通过对新媒体的合理利用，可以很大程度上促进健美操的发展和进步。比如：随着互联网的广泛应用，人们可以将大量的健美操以及歌曲等资源进行推广和宣传，让人们可以不再只依靠电视播放来获取健美操资源，在需要观看健美操视频的时候，只要通过电脑和手机观看就可以，其不仅选择性强、速度非常快，还可以节省人们的时间，让人们有更多的时间学习和练习健美操，从而进一步促进健美操的发展进程。

新媒体时代下，网络消费的形式变得越来越多样化，使得人们的生活发生了很大的改变。现阶段，人们在购物的过程中，只需要通过手机软件就可以购买自己所需要的商品，很大程度上满足了人们对商品资源的需求，让人们的生活方式变得更加多样化。健美操作为当前一种特殊的消费资源，其在发展过程中，可以将其作为一种商品进行销售，利用网购平台，人们可以得到更为优质的服务。通过这种方式，不仅可以促进健美操的发展和普及，还可以为人们提供更多的便利。

2. 新媒体时代健美操的发展情况

第一，社会舆论监督力度增大。现阶段，国家对于国民身体素质的重视程度越来越高，也出台了一系列的政策和制度，其中，全民健身计划就是国家的一项利民益民的重大举措。而随着新媒体时代的到来，其有义务和责任促进全社会形成健康的舆论导向，从而为政策的顺利开展和实施提供最优质的基层服务，进而为健美操的未来发展奠定坚实基础。互联网的飞速发展，新闻事业和社会舆论的导向关系也变得越来越密切，尤其是新媒体，其不仅很大程度上促进了社会舆论的形成，同时也可以对舆论进行适当的引导，确保健美操可以朝着良好的方向发展。当今社会下，当一些思潮在朝着不良的方向发展过程中，就要通过新媒体对其进行规范。

第二，合理把握健美操地宣传导向。新媒体时代下，健美操的宣传方式以及渠道也变得越来越多样化，宣传的途径也越来越多，其覆盖面也在逐渐扩大，对宣传信息的抓取更加深入，增进了人们之间的互动和交流，让健美操的宣传信息逐渐朝着新型的自我诠释方向发展，有利于健美操的可持续发展和进步。与传统的媒体相比，新媒体的宣传方式比较广泛和自由。在对健美操进行推广过程中，相关人员一定要对健美操的宣传导向进行合理地把握，传递积极正面的力量，保证健美操可以朝着良好的方向发展。同时，在对健美操进行宣传的时候，应该主动迎合现代社会发展的步伐，从全民健身计划出发，将健美操与其进行合理的结合，加大宣传力度，进而促进健美操的良好发展。在健美操推广期间，相关人员也可以对一些新闻进行生动的报道，比如：可以制定一些趣味性的视频，激发人们对健美操的兴趣，可以主动地参与到健美操活动中，从而进一步推动健美操的发展进程。

第三，指导服务性工作整体水平提升。在新时期下，由于健美操具有较强的运动性，能够很大程度上促进人们的身心健康发展。因此受到了社会各界人士的喜爱和推崇。健美操的动作幅度比较大，并且具有较强时尚感，所以，在练习健美操的过程中，人们需要在较快的节奏下完成跳跃、劈叉、屈伸、转体等动作，这种情况下，如果练习者稍不注意，那么就会非常容易出现拉伤和扭伤等伤害，在实际的练习过程中，应该对这些伤害进行及时的预防。同时，在健美操发展过程中，应该根据实际情况，有针对性的播放一些安全防护报道，对人们日常健美操练习进行科学的指导和规范，提升服务工作的整体水平和质量，进而促进健美操的良好发展。

新媒体背景下，加大对健美操宣传和推广的重视程度，不仅有利于增强人们对健美操的喜爱，让人们主动地参与到健美操的活动中，还可以进一步促进健美操的良好发展和进步。为了可以让健美操朝着更广的领域发展，提升健美操的发展水平，相关人员应该根据实际情况，对宣传和推广的方法进行创新和改进，从而进一步推动我国健美操事业的发展进程。

（二）教学改革背景下的健美操发展现状

伴随着健美操的快速发展，健美操已经逐渐被纳入到了教学体系，但是，近些年来，健美操发展速度过快，导致各大高校无法适应其发展，因此就要与时俱进的进行改革。

第一，教学内容的丰富。我国高校在进行健美操教学改革的过程中，应该紧密地结合健美操的自身特点和发展趋势。健美操具有较强的综合性，并且在社会发展的过程中逐渐被人们改编成多样化的动作形式。我国高校健美操教学可以与其他运动项目相互渗透，有效地凸显出健美操的综合性特点。在教学中，教师可以根据健美操多样性趋势进行改革，将拉丁舞、芭蕾舞、爵士舞等有机融合进来，促进健美操方式的多样化，对学生采取专业化、系统化的训练，将学生朝着健美操教练的方向培养。依据《普通高等学校体育课程教学指导纲要》（以下简称《纲要》）的精神，结合多年教学实践，从教学模式基本理论入手，就普通高校公共体育健美操选项课，从教学内容、教学方法和考试内容上探索提出了教学模式，提高健美操课的教学质量，实现省时高效的教学效果，实现普通高校公共体育教学与大学生终身体育的对接。

第二，教学质量的提高。健美操能够迅速发展是因为锻炼方式比较科学，并且能够有效地调节人们身体的协调性。为了有效地提高健美操的科学性以及协调性，促进高校健美操教学的改革，应该采取电教和多媒体方式相配合的教学方式，针对一些难度较大的动作采用电教的方式来有效分解，既能够降低动作的难度，还能够使学生看到比较规范的动作，并且便于教师讲解动作的要领以及科学性所在，很容易使学生接受。采取这样的方式，可以在一定程度上增强学生对于健美操动作的了解，还可以有效地防止学生在练习中由于身体不协调等原因导致身体出现扭伤等现象，积极引导学生进行练习。

第三，艺术性与审美价值的增强。随着时代的发展，健美操与时俱进，更加凸显出了"健与美"的独特之处，竞技健美操作为运动项目中富有表现力的运动项目，运动员能够穿着新奇的服饰，并且在独特的音乐伴奏下，表演出多种风格的动作，并且表演动作较为生动、激情、个性，不仅仅增加了健美操运动的艺术价值，还在一定程度上满足了群众的审美需求，很好地适应了社会的发展。为了促进健美操教学的顺利改革，我国各个高校应该高度重视健美操教学的艺术性，增强学生的审美情趣，同时，也要更多地开展健美操竞赛等活动，使更多的学生认识到健美操的艺术价值。

目前，在经济社会的不断进步与发展中，健美操作为一种新兴的运动项目，以其独特的锻炼形式吸引人们的眼球，并且在有机融合各种舞蹈后，更是加强了健美操的多样性。健美操在与节奏鲜明并且较为欢快的音乐相结合之后，使人在运动中感受到了强烈的艺术享受。我国高校为了适应健美操的发展，高校健美操教学应该进行科学改革。并且，在改革中合理应用多样化的教学模式，促进学生掌握健美操的基本动作以及体会动作要领，同时，也要不断地丰富相关理论知识，提高高校健美操教学质量，从而促进我国健美操能够健康、长远的发展。

## 二、健美操运动的多元发展趋向

（一）大众健美操的发展趋向

由于我国经济社会的发展，国民经济水平的提高，人们的生活水平得到了大幅度的提升，对于健康有了更深刻的认识，推动了健美操的发展。健美操在种类以及练习形式方面都具有多样化的特点，为了更好地适应社会的发展，满足人们健身的相关需求，健美操的种类以及练习形式也要与时俱进地改革，朝着多样化方向不断进步。

（1）科学化程度不断提高。科学化能够在一定程度上保证健美操练习的效果，相反，不科学的健身方式不仅仅影响健身效果，还有可能造成一定的身体损伤。为了保证健身效果，要提高健身的科学性，保证参加锻炼的人能够真正地达到健身的目的，科学健身也能够满足健美操运动项目自身发展的需求。伴随着科学技术的快速进步，人们已不再是满足简单的活动、出出汗的健身方式，而是追求更加科学化的健身方式。健身的科学性以及取得良好的健身效果是人们选择健身方式的主要考虑因素，为了促进健美操项目长期、稳定的发展，必须要大力加强健美操的科学化程度。

（2）健身健美操锻炼方式呈多元化发展趋势。由于人们生活水平的提高，审美意识也得到了增强，人们在健身的同时更加重视健身方式多元化的发展趋势，并且享受健美操所带来的艺术体会，越来越多的人喜爱这种和音乐、舞蹈紧密结合在一起的健身方式，重视身心的协调统一，而不只是局限于自身肌肉线条的锻炼。目前，瑜伽、普拉提以及单车等项目逐渐走入人们的日常生活，并且受到普遍地喜爱，而健美操也与时俱进的和丰富的舞蹈元素紧密结合，派生出有氧爵士、有氧舞蹈、有氧拉丁舞等舞蹈性较强的健身项目。

（二）健身性健美操的发展趋向

随着知识经济时代的到来和生活水平的提高，人们的生产和生活方式发生了巨大的变化，其特点是体力活动减少、脑力劳动增加、工作和生活的压力加大。这种情况使人们意识到健康的重要性，对健身的需求日趋强烈，使体育逐渐成为满足人们肢体运动、心理调节和情感依赖的主要手段。随着生活水平的普遍提高，人们可以从日常开支中拿出一部分钱来投资于体育活动，由此可以看出，健身运动已成为人们的时尚消费。健身性健美操作为社会体育的重要组成部分，以其独特的魅力和功能特点受到人们喜爱。在这种社会大环境下，健身性健美操的市场前景将更加广阔。

（1）为不断满足健身锻炼者的各种需求，健身性健美操的种类和练习形式呈多样化的发展趋势，如各种器械健美操和近年来出现的水中健美操，以及一些正在流行的特殊风格的健美操，如拳击健美操、拉丁健美操、普拉提、街舞、瑜伽等。这些新兴练习形式的出现主要是因为每个参加锻炼的人的年龄、性别、身体状况、健康水平和所要达到的目的是不同的，人们的需求是多样化的，如年轻人喜欢街舞、拳击健美操，老年人喜欢水中健美操，而女性很可能喜爱瑜伽。健美操要寻求自身的发展，最大限度地适应市场发展的需要，就必须不断地满足人们的不同需求。随着社会的发展和人们生活水平的提高，人们的要求将更加个性化，集体练习的形式已不能满足一部分人的需求。因此，国外的聘请"私人健身教练"的健身形式已开始在我国流行。相信在引进和学习国外经验的基础上，将出现更多的不仅适合中国人，而且能吸引外国人的新的健身性健美操练习形式。在世界范围内最受欢迎和发展最快的健身形式是集体力量练习、私人健身教练指导下的个人练习和大脑—身体综合练习。对传统有氧健身操来说，编排简单的低冲击力和高低冲击力混合的练习仍是世界各国健身中心的常规项目，而单纯高冲击力的练习由于容易引起关节的损伤已不再流行。

（2）科学化是保证健身性健美操练习效果的关键，如对不同人群体质的测定和不同年龄段人群锻炼的最佳心率范围的研究可提供科学有效的运动处方。不科学的练习方法不仅导致锻炼没有效果，而且还可能引起运动损伤。因此，只有不断提高科学性，才能使参加健美操练习的人真正达到有效地锻炼身体的目的。科学化也是健美操运动自身发展的需要，随着科学素质的不断提高，人们不再满足于简单的锻炼形式，而是寻求更加科学化的健身方式。是否科学、是否能真正达到锻炼身体的目的是人们选择健身项目的一个非常重要的因素，只有科学化的锻炼才能得到人们的认可。只有不断提高健美操运动的科学化程度，健美操项目才有发展，才能有市场。目前，一些健美操从业人士已经认识到了这一点，正在不断地探索健美操科学化的方法和途径，相信在今后的发展中健美操的科学化水平将不断提高。知识经济的到来和信息技术的发展，使人们可以非常容易地获得各种信息，这将对我国健美操运动科学化起到极大的促进作用，从而能够与国际发展保持同步。

（3）"现代健身场所"是现代人类文明高度发展的产物，各类健身场所的不断增多，刺激了健身市场的竞争性。现代健身场所的经营最终要通过服务才能实现，服务质量的高低，直接关系到大众健身的质量和经营者的经济效益，同时也必将影响健身市场的兴衰。为健身消费者提供及时、优质、高效的服务，从而使客人达到预期的健身目的，提高健身指导的服务质量，包括服务礼貌、服务标准和服务程序，已成为推动健身俱乐部发展的至关重要的因素。

（三）竞技性健美操的发展趋向

竞技性健美操和同群的竞技项目（如竞技体操、艺术体操、花样滑冰、花样游泳、跳水等）一样，竞赛中是以运动员所完成动作的难度以及新颖、稳定、优美等因素来判定其技能水平的高低。难、新、美正是竞技性健美操的技术发展方向。国际体联对竞赛规则的改革将促使竞技性健美操运动技术继续沿着难、新、美的方向发展。

（1）注重艺术性创新。竞技性健美操是一项艺术性极高并要求不断创新的运动项目，动作的编排、过渡连接及空间的使用和转换的流畅性都是艺术性创新的具体体现。艺术性创新要求成套动作的编排要新颖和多样化，体现音乐的风格、动作和运动员的表现之间的完美结合，艺术性创新将是竞技性健美操未来发展的极其重要的部分，运动成绩的好坏将在很大程度上取决于此。

（2）完美的动作技术。国际体操联合会新规则虽然对难度动作的技术完成标准和缺类的要求降低，却对动作的技术完成质量提出了更高的要求，同时大大加重了动作完成质量的扣分。动作的完美完成将是运动员技术和竞技水平的具体体现，是取得优异成绩的根本。可以预料，未来竞技性健美操比赛就是比动作的完美完成，即动作技术完成质量将是评价运动员竞技水平的关键因素。

（3）多样化发展的难度动作。新的《健美操国际竞赛规则》把难度动作分为 4 大类别 10 个组别，难度动作价值分为 0.1～1.0 分，包括预期的难度动作。在全面提高难度动作的分值和降低难度动作最低要求及减少难度动作数量的同时，不仅对难度动作的重复做出了不计分值和数量并将予以扣分的规定，而且对缺少规定的难度动作将扣掉 1.0 分，这意味着难度动作的选择将向着更加多样化的方向发展。

## 第二节　竞技健美操动作的创新研究

### 一、竞技健美操动作创新的必要性

第一，创新是当今世界普遍关注的焦点和研究的热点。人类社会是在事物不断变化中发展的，社会每一点进步都是人们不断地追求改革与创新的结果。创新就是发展，它是一个民族进步的灵魂，是国家兴旺发达的不竭动力。特别是当代正处于高速发展的信息社会，科技进步迅速发展的新时代，各种新矛盾、新问题、新事物层出不穷，更需要加强创新力度。一个国家，一个民族，如果缺乏创新精神和创新能力，就不会有科技与社会文明的进步，也就不能获得持续稳定与发展。所以说，创新既是实现事物发展的要求，也是社会进步的动力。为此，在 21 世纪的今天，人类社会的各个领域都把创新作为追求的目标，更是当今世界普遍关注的焦点和研究的热点。

第二，创新是竞技健美操运动的生命力和魅力之源。"竞技健美操是在音乐伴奏下，完成连续复杂的和高强度动作的能力。成套动作必须展示连续的动作组合，柔韧性，力量与七种基本步伐的使用并结合难度动作高质量的完美完成"。根据《项群训练理论》对竞技体育的分类，竞技健美操属于"技能类表现难美项群"。它和竞技体操、艺术体操、花样滑冰、花样游泳、跳水等一样，竞赛中以运动员所完成动作的难度、新颖、稳定、优美等因素判定其技能水平的高低。在难度一定时，创新使得竞技健美操更加具有生命力，焕发无限生机与活力。竞技健美操的创新也始终让人们饱含着期待之情，不断期待新的花样，新的视觉冲击，创新是竞技健美操无限魅力的来源。

第三，创新是促进竞技健美操持续发展的核心。知识经济的到来必将推动现代科学技术成果在竞技健美操训练、科研、管理等领域迅速应用，促进竞技健美操技术的飞速发展。随着信息网络化，有关于竞技健美操的训练和创新动作很快可以通过网络、转播等迅速传开，被其他国家所采用。为了使竞技健美操更好地发展，国际健美操评分规则仍然会围绕创新和发展不断地变化和完善。这些都会促进竞技健美操的不断创新，深入系统研究竞技健美操的创新显得十分必要。

第四，创新就是竞技健美操的生命。这不仅是各国竞技健美操发展的精辟总结，也是各国竞技健美操发展的制胜规律之一，更是本文选择对竞技健美操创新进行研究的重要依据。要更好地发展和壮大我国的竞技健美操，不断创新和全方位的创新研究将是每一个健美操工作者面对的中心问题，只有把握住了这个中心，才能给我们的训练和竞赛带来活力，才能解决创新过程中遇到的一系列问题。

创新是一切事物发展的生命，竞技健美操也不例外。竞技健美操的创新主要表现在富有创意的主题选择，难度的创新，过渡连接的巧妙，操化动作的独特、队形变化的新颖、开头结尾的出人意料，以及音乐与服装的个性化展示上等。

## 二、竞技健美操动作的创新训练

竞技健美操动作创新主要是指创新主体通过结合竞技健美操运动基本技术理论和实践基础，以技术为对象，在原有的技术基础上改变其原理、结构、功能、方法及应用等特性因素并创造、发明或引进新事物以提高竞技健美操的技术和理论体系的一系列活动。是通过技术进行的创新，本身无需发生革命性变化。

竞技健美操动作创新主要包括操化动作、难度动作、过渡与连接以及托举与配合动作创新四个部分，且他们之间相互联系，相互过渡，操化动作后可以接难度动作、过渡与连接、托举与配合，反之亦然。

（一）竞技健美操操化动作的创新训练

1. 竞技健美操操化动作创新的必要性

操化动作是指以健美操基本步伐与手臂动作结合的形式，伴随着音乐以创造出动感的、有节奏的、连续的包含高低不同强度的一连串动作。高水平操化动作的创新体现在通过七种基本步伐、手臂组合和无重复动作的组合表现出与音乐风格及重音相符的操化动作。

一体串的操化动作是竞技健美操的重要组成部分，是竞技健美操区别于其他体操最大的特点。操化动作是竞技健美操成套动作的基础，操化动作创新是设计出各种新颖的动作展现出无穷变化并不断出新以吸引裁判和观众的眼球，这也是裁判评分的重要方面。操化动作创新的好与坏将会影响成套动作的艺术得分。

2. 竞技健美操操化动作的创新训练方法

通过将七种基本步伐与手臂动作的完美组合来进行创新，在竞技健美操竞赛规则中有明确规定，必须在基本步伐与手臂动作的基础之上来进行操化动作的创编，可以通过更多的身体部位（头、肩等）参与完成动作；运用不同的关节、动作空间、动作幅度、肢体长度；运用不对称的动作和不同的音乐节奏；同时通过运用手臂动作变化、改变移动速度、增加动作频率；变换方位；操化移动的路线以及改变步伐的角度、速度、高度、节奏以及空间等加之配合不同的手臂变化来为操化动作进行创新。

（1）上肢操化动作创新。

1）对称与非对称动作变化。对称是指物体或图形在某种变换条件（如绕直线的旋转、对于平面的反映等）下，其相同部分间有规律重复的现象，即在一定变换条件下的不变现象。在竞技健美操上肢操化中对称的操化动作指上肢以人体的垂直轴为对称轴理论上折叠后能够完全吻合的动作主要包括：上、下、前平、斜前、斜上、斜下、侧上、侧下、侧平、侧上等。对称动作的创新符合人体对称习惯，简单易学。非对称的操化动作即为人体上肢左右两边呈现不同的形态或者围绕人体的垂直轴理论上不能重叠的动作，主要分为左与右、上与下、前与后等非对称。非对称动作复杂多变，但不易记住，对运动员的协调性能力要求高，需勤加练习，方能施展有度。对称与非对称的技术动作创新可以通过采用不同的空间（水平、冠状等），或者采用不同的双臂动作（屈、展、外展、内收、旋内、旋外等）来进行变化创新。

2）肢体不同杠杆变化。在竞技健美操中肢体杠杆的创新主要包括短、中、长三种类型。短杠杆瞬间到位，省时省力。例如，第1拍为左臂肩侧上屈同时右臂肩侧下屈，则第2拍可以编为右臂肩侧上屈同时左臂肩侧下屈，调换一下方向，只有小臂在动；也可以采用由屈变伸，或者小臂绕环等。长杠杆运动轨迹较长，耗费大量臂力，但动作幅度大，给人以舒展、力达指尖之感。例如，第1拍为双臂侧平举，第2拍可以编排为双臂上举，大臂贴耳，两手相握等。当然，在运用肢体杠杆编排时，一般需短、中、长交叉结合进行变化创新，并通过采用不同的线性和大小绕环等动作来改变肢体杠杆的长度等变化。这样才能给裁判和观众舒展自如之感，让人感受到竞技健美操的复杂与魅力。

3）不同手型变化。竞技健美操的手型有很多种，是从芭蕾舞、现代舞、迪斯科、武术中吸收和发展而来的。主要包括：①并拢式（并掌）：五指伸直，相互并拢。大拇指微屈，指关节贴于食指旁。②分开式（开掌）：五指用力伸直，充分张开。③芭蕾手式：五指微屈，后三指并拢、稍内收，拇指内扣。④拳式：握拳，拇指在外，指关节弯曲，紧贴于食指和中指。⑤立掌式：五指伸直，手掌用力上翘。⑥西班牙舞手式：五指用力，小指、无名指、中指自掌指关节处依次屈，拇指稍内扣。⑦花式：在②分开式的基础上小指伸直向掌心回弯到最大限度，无名指会随小指回弯。手型是手臂动作的延伸和表现，手型变化使操化动作更加丰富多彩，生动活泼，更具有感染力。

4）不同节奏变化。操化动作的节奏一般有1拍1动、2拍3动或者1拍2动（可以是手臂也可以是脚步），也可称之为慢、中、快三种，操化动作随着节奏变化展现出不同的动作力度，一套优秀的竞技健美操套路应该有它自己操化节奏的平铺直叙与高潮，在跌宕起伏中潮涨潮落给人以"抑扬顿挫"之感。操化动作的节奏变化，可有多种变化："慢+慢+快；慢+快+慢；慢+中+慢+快；慢+中+快+快；快+慢+快；等等"。操化动作的节奏变化可以说无穷无尽，应根据运动员的能力和一般节奏的变化可设置在开始阶段、中间环节或者在整套操的最后，也有能力比较强一点的在一套操中可设置多个节奏起伏明显的地方，这样更加凸显整套操的魅力所在。

（2）下肢操化动作创新。竞技健美操的下肢操化动作主要包括踏步、后踢腿跑、吸腿跳、踢腿跳、开合跳、弓步跳、弹踢腿七个基本步法的组合创新。在此基础上通过变化各个步伐的空间以及角度、高度、速度、节奏与方向来进行动作创新。例如，踏步通过改变角度可以得到"V"字步、"A"字步，通过改变方向可以得到并步，可以迈步转体等；又比如弹踢腿，可以前、后弹踢，也可以侧踢等。

竞技健美操操化动作的创新离不开上、下肢的协调配合、组合，只有将上下肢完美结合才可以衍生出更多富有新意的操化动作。

（二）竞技健美操难度动作的创新训练

难度动作创新是指将难度动作进行分类，对各类动作的技术原理及技术特征进行综合分析，再根据不同种类难度动作基本规律、力学原理，创造独特的难度组合，以此创造出更新、更难的高难度动作。

1. 竞技健美操难度动作创新的必要性

难度动作创新是比赛名次差异的关键，是成套动作的精华，是整个技术的核心。难度动作的创新是顺应难度动作演变规律的需要，"难、新、美"是难度动作演变的必然要求，创新是竞技健美操难度动作的发展壮大的不竭动力，是其不断完善与精湛的助推器。

难度动作创新是难度动作分值不断改变的需要，国际体联已经降低了原有难度动作的分值，导致0.8分以下的难度动作比率都在减少，又0.9以上的高难度动作的比率在增加。所以迫切需要创新或演变出新的难度动作以补之。

难度动作创新是难度动作总数不断变化的需要，新规则中难度动作数量有所下降，国际体联将原先难度水平低、没有竞技价值的难度动作进行了合并与删减，正说明了国际体联需要创新和发展来拓展新的空间。

难度动作创新是改变裁判审美疲劳的有效方法，A、B、C、D四类难度动作可供运动员们选择的范围非常广，但运动员们常用的动作就归结为几个，所以当别的运动员的难度动作都相类似时，一个出其不意的创新的难度动作便会吸引裁判与观众的眼球，从而获得高分。

2. 竞技健美操难度动作的创新训练方法

（1）单个难度动作创新。度动作经历了萌芽期、移植期、移植创新、创新到多元创新发展5个时期。从刚开始的零星难度动作发展到今天的A组动力性力量、B组静力性力量、C组跳与跃以及D组平衡与柔韧四大类共336个难度动作。难度动作经历了一个由简单到复杂、由少到多、由旧到新再到多元的发展历程。

单个难度动作主要采用逆向的思维或者难度递进加难的方法进行创新。逆向思维是指从反向进行考虑，动作顺序逆向主要用于复合动作，是将现有两个或多个动作顺序颠倒过来，从中获得新动作的创新方法。如转体180度屈体跳，逆向改变动作顺序后的难度就成为屈体跳转体180度。

而难度递进加难是指在不改变原有动作技术原理的基础上，对其内容与形式逐级加难来达到创新的目的及方法。通常通过：①改变身体的形态由团身、屈体到直体进行加难；②增加转体的度数或者周数进行加难创新，比如由 360° 变成 720 度，一个依柳辛再来一周变成双依柳辛。

难度得到了增加又提高了分值。比如 A 组中俯卧撑（A101，0.1）—单腿俯卧撑（A102，0.2）—单臂俯卧撑（A103，0.3）—单臂单腿俯卧撑（A104，0.4）就是难度动作系数不断增加从而实现创新。

（2）两类难度组合动作创新。难度组合是指两个难度动作在没有任何停顿、犹豫和过渡的前提下直接组合，这两个难度动作可以同组别或者不同组别，但必须是不同类别的，他们将被视为两个难度，若这两个难度均达到了最低完成标准，则该难度组合会得到 0.1 的加分。在最新版的规则中出现了根命组、根命名的新规定，即相同根命组、根命名的难度动作不能在一套操中重复出现，比如以前在大赛中经常出现的团身跳 360° + 科萨克 360° 难度组合，虽然同组，但却因在同一根命组所以不能组合。因此只能尝试不同组别难度动作的组合创新。难度组合的出现给高水平的选手更大的发挥空间，同时在一定程度上提高了难度动作的技艺性和观赏性。难度组合出现的次数越多并且变化多样，操化组合的自由空间就越大，成套动作的编排也就越具观赏性和艺术性。

两类难度组合创新法就是从整体出发，系统地对因素、结构、层次、功能以及动作方向路线进行新的选择、组合和建构，使创造性思维拓宽变广。在竞技健美操难度动作创新中，组合创新法属于常用的方法，规则中出现的很多难度动作均属于组合创新。一般组合创新主要有同类难度组合创新和异类难度组合创新。同类难度组合创新主要是指竞技健美操当中的同一类难度进行组合创新。

## 第三节　健身性健美操理论与实践创新发展

### 一、健身性健美操理论创新发展

（一）健身性健美操理论创新发展的原则

（1）针对性原则。高校健身性健美操创新发展的针对性原则，是要求创新的内容要有特别针对的对象，它可以是针对诸如训练日程安排、训练方法等的创新，也可以是针对健美操动作的选择与编排的创新。创新还不能脱离大学生的运动实际能力，考虑学员的健康水平、身体能力与技能，达到既能锻炼身体又能从运动中得到乐趣的目的。在考虑组合中加改变方向、加大移动、节奏加快、重复做相同的动作，选择转身动作和转的度数及跳跃动作等等这些变化时，一定要顾全学员的接受能力、协调性、方向平衡感、身体的肌肉力M等，了解这些对身体素质情况的要求才能使学员更快领会你的设计意图，真正达到师生融为一体，渲染上课气氛。

（2）安全性和有效性原则。健身性健美操的主要目的是锻炼身体、增进健康，如果在练习中出现任何损伤都会有违从事健身性健美操运动的初衷，因此，健身性健美操的创新首要考虑其"安全性"，其次还要考虑"有效性"。创新的动作也许对身体某些部位的锻炼效果颇佳，但是相应的动作有一定的危险性或难度较大，如过度背伸展运动对拉伸腹部肌肉非常有效，但同时也对脊柱会造成很大压力，有可能引起腰部的损伤。但同时也不能仅仅因为考虑安全性的问题而因噎废食，如有些动作很安全，但又没有锻炼价值。因此，为了达到良好的健身效果，就需要在"安全"和"有效"之间找到一个平衡点。

（3）合理性原则。健身性健美操运动的理论创新还要遵从合理性原则，任何不合理的创新都是无效的，不可取的。首先，健身性健美操的创新要以人体生理解剖结构为根据，动作之间的搭配要合理、科学，动作之间的衔接要自然流畅；其次，创新的内容要符合健身性健美操的运动规律和训练规律。

（4）健身性原则。健身性健美操首先突出体现的就是一个健身的特点，它将健身放在头等地位，也是这项运动的最终目的。它是在节奏、韵律中的身体练习，是一项集身体运动和艺术表现于一身的、轻松的、优美的体育运动。在健身的同时，健美操不仅带给人一种艺术享受，使人心情愉快，陶醉于锻炼的乐趣中，减轻了心理压力，使人产生一种轻松愉快的感觉，促进身心健康的发展，从而更增强了健身的效果；而且兼备发展身体柔韧性和灵敏性的作用，是发展身体全面素质的较为理想的运动。因此，健身性健美操的创新还要以促进身体全面发展为前提，提高人们身体锻炼的效果。

（5）娱乐性原则。参加高校健身性健美操的大学生们看重这项运动的理由一定不外乎是它的健身性和娱乐性。带有娱乐性的运动项目会让人感到身心愉悦，乐于参与，展现出热情、活力和积极向上的精神状态。因此，在高校健身性健美操理论创新方面要注重将健身性、观赏性和娱乐性相结合，只有这样才能使健身性健美操在高校校园中的发展更有生命力,才能使广大学生喜欢,才能得到更好的推广和发展。例如,健身性健美操运动过程中可以让学生得到轻松、随意的动作和热情奔放的情绪体验,与健美操横平竖直的操化动作相比较,它更加注重个性的张扬和激情的释放,因而有更强的自娱性和观赏性,它既是一种健身方式又是一种舞蹈,可以使学生在紧张的学习之余得到身心的调整和情感的宣泄,符合现代人健身休闲、自娱自乐的需要。由于两者都以其所具存的现代意识和节奏使健身和娱乐完美地结合,满足了追求时尚的青少年健身、休闲娱乐的需要,从而深受广大学生的喜爱。

经过对健身性健美操理论创新原则分析和论述可以看出,再进行项目创新时只有遵循以上原则,才能少走巧路,才能提高创新的科学性,保证创新的成功率。

(二)健身性健美操理论创新发展的内容

1. 更新健身性健美操的审美观念

我国传统的审美观念通常是以强健的体质,伟岸的形体,粗犷豪放的阳刚之美等为主。然而随着时代的发展和进步,使得人们对美的感受又有了更多的标准和情趣。人们越来越认识到人不仅要有健康的身体,还需要美的愉悦。不同年龄段的群体追求不同种类的美,年轻人是朝气蓬勃的美,中年人是孜孜不倦不断追求美好生活的美,老年人是热爱生活的美。

人的审美观念只有在不断发展和完善过程中才能得到逐步提高,这需要一个长期的、循序渐进的过程。以往,人们往往只注重容貌的装饰,服装的搭配上,忽视了美的动力性,而动力是美的最好展现,只有各方面协调统一才能组成美的整体。健身性健美操运动者健美的体魄,英姿飒爽的神态和扑朔迷离的技巧,闪烁着生命的光辉,叫人强烈地感应到生命的活力,从而增强人们生活的信心和奋斗的勇气,引导人们对美好事物不断追求探索和创新。

2. 创新健身性健美操的动作创编

尽管健身性健美操在我国的起步较晚,与国外的水平差距较大,但可喜的是其发展速度十分可观,相信在许多人的不懈努力下,这项运动将会向着动作多样化、技术规范化、比赛制度化、形式国际化等方向发展,以其独特的魅力和不同的风格吸引着越来越多的人。健身性健美操的动作各式各样,各具特色,但是它不是单纯地为了要表现自我,而是要完善自我,不是要再现生活,而是要创造生活,所以说健身性健美操的动作充分体现出追求生活,创造生活的特点,它应该有创新的特点，否则这一项目就没有存在的依据和生命力。一套健身性健美操是否具有吸引力和号召力，关键在于其动作的编排，尤其是在高校中，健身性健美操的时尚性和创新性直接影响到高校学生对这项运动的参与程度，他们无一不期望从中得到更多的自信和自我实现的需要。现代健身性健美操动作创编的创新主要有以下方面：

（1）健身性健美操同球类的结合。将篮球、排球、羽毛球、乒乓球等球类运动中跳跃，伸展动作融入健身性健美操，可全面增强身体的协调性，柔韧性和灵活性。体操中的跳跃伸展，技巧中的很多动作等都可以用于编排动作造型，提供了很大的创造空间，健与美的结合使身体素质全面得到发展提高。也为体操增加了一种活动形式。

（2）健身性健美操同武术的结合。将武术动作中的踢腿、击掌、旋风脚、甩腰、鲤鱼打挺等分解动作融进健身性健美操之中，形成风格独特的武术健身操，武术竞技性健美操，充分体现出英姿飒爽的时代气息。

（3）健身性健美操同跳绳等的结合。跳绳是人们平时喜欢的活动，内容丰富形式多样，具打趣味性娱乐性。从中创编健身健美绳操极具有生活的情趣，来源于生活，创造于生活。

健身性健美操的创新形式多种多样，与体育活动紧密相连，从体育中来，到体育中去。在进行体育运动之前，跳一会儿健身性健美操，既能使身体各部分关节得到充分活动，减少运动创伤，又能陶冶情操，提高运动兴奋性，有利于运动得到更好的发挥，从而取得两全其美的效果。

3. 创新健身性健美操的音乐

音乐是健身性健美操不可或缺的重要因素之一，两者相辅相成，互相支持，健美操表演的效果如何很大程度上与选配的音乐直接相关，同时，音乐的加入也使健美操拥有了更加生动的艺术表现力。音乐能激发学生学习的激情与活力，体现健与美，力与新的结合。

健身性健美操是从国外引进的体育项目，配用的音乐有迪斯科、摇滚、爵士乐等，刚开始接触时，使人耳目一新，强烈的节奏振奋人心，增强了健身性健美操的力度与效果，但是随着我国健身性健美操运动的发展，需要编排出具有中国特色和民族风格的健身性健美操，以反映当代社会生活以及人们的心理素质，情感思想，伦理道德和审美观念等，所以健身性健美操音乐的创新势在必行。

健身性健美操的配乐要体现符合编创动作的主题，采用腰鼓和京调的节奏配合动作的变化，体现中华民族奋力拼搏的意志和精神风貌，把对力的颂扬与对美的讴歌完美地结合在一起，充分体现健身性健美操浓郁的民族特色。只有这样，我国的健身性健美操才能保持旺盛的生命力，跟上时代发展的步伐。

4. 创新健身性健美操的力度

力度是衡量健身性健美操水平的重要标志，健身性健美操要求动作刚劲有力，积极迅速，力度感强。而其不足往往就表现在缺乏力度，对力度锻炼的重视程度不够，动作松软无力，所以在力度方面要大胆突破充分挖掘人体潜能，集中体现人类按美的规律去改造世界。健身性健美操讲求力度，不能错误地理解成不断加大运动负荷就能练好，要提高训练效果，必须从全面提高身体素质，改善体形减缩脂肪和增强肌肉弹性的目的去考虑。

过大的负荷在锻炼中使人生理和心理上受到压抑，大脑皮层得不到积极休息，影响大脑神经系统的功能，另外也影响大脑分泌一种对人体免疫功能有益的多肽物质内啡肽，这些事实充分说明，进行力度锻炼，就必须消除不断加大负重锻炼。负重的健美操训练可采取"轻重量"，自由调整并在一定的次数范围内达到减缩多余脂肪和增强肌肉力量及弹性的目的。

（三）健身性健美操理论创新发展意识的培养

健身性健美操创新意识，是指在进行健美操训练的过程中，以新颖、独特和不拘一格的思路来解决各种问题的思维方式。要想提高高校健身性健美操的创新意识，就需要培养相关教学主体做到以下方面：

（1）提高健美操专业知识水平。拥有较高的专业水平是健身性健美操创新活动的保障，并由训练成果和运动员的成绩来体现其高低。在进行创新活动时，要探索并把握其中的特点和规律，掌握各种反馈信息，科学合理地安排训练。而现实情况更多的是教练员虽然有良好的创新动机，但是限于自己的专业知识水平不够，即使创新构思再好也无法使其变为现实。因此，教练员要不断地更新和完善自己，努力提高自身的专业知识水平，只有这样才能使自己的创新成果在赛场上得到世人的赞赏和肯定。

（2）准确理解和把握健美操运动比赛规则。健身性健美操运动尽管崇尚自由、阳光和活泼的运动气质，但是这并不代表运动没有规则约束。比赛规则对健身性健美操的编排创新起到检验的作用，所以，从事健美操教学的教练员或教师首先要吃透规则，及时把规则中的主要精神传达给运动员，早日实现运动员与新规则的"对接"，并在规则允许的范围内进行创新，以此来适应健身性健美操规则的变化和发展。在比赛规则发展变化的同时，健身性健美操动作和编排创新过程中也遇到了各种各样的麻烦，但这种创新活动又反过来促使规则本身不断地丰富和完善。比赛规则的不断更新将为现代健身性健美操的发展提供科学的依据和广阔的舞台，同时也鼓舞、激励着教练及学生大胆开展创新活动。

（3）提高文化艺术素养水平。健身性健美操需要具有一定的艺术表现力才能将这项运动表现得淋漓尽致。良好的艺术修养和深厚的文化底蕴，已成为形成健美操教练员创新意识的前提条件。在此基础上，教练员还应具备一定的训练基础理论知识和哲学思维学科知识；了解如绘图、服装、雕塑等与训练相关的知识，并从中汲取精华，为健美操创新活动提供加工原料。艺术修养在创新活动中的地位不可动摇，文化知识的作用也同样重要，两者只有相辅相成，才能相得益彰，使教练员和学生拥有非凡的创造力。

## 二、健身性健美操实践创新发展

高校健身性健美操的创新发展最终是要落实到实践当中，就需要对健身性健美操的实践创新发展给予极高的重视。为了更好地研究这一问题，要了解健身性健美操实践创新的特征和主要创新方法。

（一）健身性健美操实践创新的特征

通过对诸多健身性健美操创新发展的实践经验和研究内容可以总结归纳出健身性健美操实践创新具有以下特征：

（1）综合性特征。综合性特征是健身性健美操项目创新的基本特征，近年来体育运动的研究使得越来越多的体育项目在广泛的融合，包括不同项目之间的融合或器械与器械的融合等。新项目并不是简单的汇集，而是按照一定科学目的、规律加以分析、归纳、加工、整合与创新研究而成。这不是一件短期内可以完成的事情，对新体育项目创造要从全面、准确地认识体育运动的本质开始，从追求健身价值、运动教育价值、运动娱乐价值、休闲养性价值等角度去思考，还要从运动文化、运动经济、运动环境、活动对象、适用人群等方面去思考。一种新体育项目创造出来后，还要经过实践的进一步检验，让广大的运动参与者接受它、喜爱它、推广它。人们只要树立以人为本的理念，不受现有运动条条框框限制，开启创新的大门，就能创造出有针对性、适宜性、富有乐趣、富有特点的新体育运动项目来。

（2）多维性特征。健身性健美操创新的多维性特征，是指创新者对健身性健美操项目创新的表现形式和方法是多种多样的，其主要表现在：新动作、新环境的创新，如陆地上的健身性健美操改变环境变为时尚的水中健身性健美操；把室外自行车运动搬到健身房锻炼的动感单车；动作风格的创新：如备受人们喜爱的拉丁健身性健美操、搏击健身性健美操、爵士健身性健美操就是健身性健美操与其他运动项目的完美结合；器械创新：为使锻炼者的锻炼效果、兴趣得到提高，在徒手动作为主的基础上，利用各种器械创新出了许多器械健身性健美操项目，如动感单车、踏板操、健身球操、杠铃操等。创新在方法上的多维性表现在融合创新法、移植创新法等各种各样的创新法。

（3）渐进性特征。事物总是在发现，运用，不断改进后得以发展的，健身性健美操的发展也是如此，由于国内有着大批致力于健身行业的研究者、爱好者，所以我国的健美操事业日趋发展，健身性健美操项目日趋科学和完善。现在，人们进行锻炼的是针对性更强、更加丰富，而又适用、有利于塑造美的形体和健康心理的健身性健美操，我国已从简单的自编发展到运用信息工程技术进行健身项目动作内容的设计和测评，渐进性地走上了科学化的道路。健身性健美操项目将随着人们的需求，时代的发展，不断向前发展。

（4）脆弱性特征。当某一项健身操项目创新出来的初期，会在一定程度上对人的身体起到某些作用，但如果项目本身并不具有活力，而仅仅是在某种原因或某种背景下才得以实施，其本身具有局限性和不合理性，所以它"存活"的时间很短，短暂过后，就被淘汰，表现出一定的脆弱性特征。所以，一个新项目研究出来，需要进一步的探索、研究、补充、拓展等才能逐步合理与完善，才能不断地成长、壮大和发展，否则就可能有夭折的危险。因此，脆弱性特征也是新项目形成的主要特征，我们需要加以充分认识，在创新初期，不能满足现状，要看到其脆弱性特征，需要努力进一步研究和实践，成为一项人们热衷的成熟、充满活力的健身性健美操。

（二）健身性健美操实践创新的方法

（1）缩放创新法。缩放创新法是指在根据不同需要下对已经存在的运动的扩大化或缩小化，使之成为新的健身功能项目。例如，健身街舞是源自美国黑人的街头舞蹈，在引入我国后继承了它基本动作为表现形式，并以健身为主要目的，同时摒弃了它"原味"舞蹈中包含的颓废与叛逆思想，去掉了难度较大及比较危险的地面动作，提倡安全性、健身性和身体全面发展的均衡性，当健身街舞作为一种健身方式被引入我国时，它迅速适应于国内已掀起的全民健身热潮；又如，哑铃踏板健身操，就是在踏板健身操的基础上，根据健身者的能力水平，加上哑铃，加大了运动的难度、强度，使健身者能在锻炼中充分达到自己需要的健身效果。

（2）融合创新法。融合创新法是指将两项或两项以上独立事物或结构部分进行符合体育运动原理及特点的组合或重组，从而获得具有整体功能的新事物的创新技法。例如，有氧搏击操最早是由一名搏击世界冠军创造的，该项运动的发展过程一直在进行不断地与其他相关运动项目的融合，融合项目包括拳击、空手道、跆拳道，甚至包括一些舞蹈动作，以此结合健美操基本步伐组合而成。

（3）仿生创新法。人的创造源于模仿，仿生创新法就是根据生物界生物的外形和内在原理创造出的项目。形态的仿生是人在对自然生物体，包括动物、植物等所具有的典型外部形态的认知基础上，寻求新事物的突破与创新，如具有5000多年历史的瑜伽，是印度苦行者为了修炼而从自然界的动物们抵抗外界严寒烈日的方法中得以启发而成。它通过人对生物形态的科学分析，结合我们的生活经验，从而模仿、再现生物的具象形态，从知觉和心理角度有意无意地把形态的内力运动变化感受为生命的活力。

（4）类比创新法。类比创新法是指对已知对象与创新对象之间的异同关系进行排列、对比、类推、借鉴、创新的过程。例如，动感单车项目的诞生，就是由设计者受普通单车的运动模式的启发，而后经过研究、借鉴、模仿和扩展普通单车的作用，创造了以与普通单车同样的动作，进行这种将单车固定在地上的不动的、原地蹬骑的健身运动项目。健身者在动感单车运动中，通过对不同的速度及阻力的练习，配上健身房内动感音乐，能够令健身者倾情投入、挥汗如雨，从而达到健身目的，还能起到积极缓解疲劳的作用，以此释放学习和工作等多方面压力。

## 第四节　高校竞技健美操的未来发展趋向

### 一、高校竞技健美操的管理不断规范化

规范化是一项体育运动发展的重要前提，作为竞技健美操而言其艺术性、审美价值等均在普通体育运动之上，同时作为竞技类的体育项目而言，取得优异的比赛成绩也是极其重要的锻炼目的，其中有着严格的竞赛机制，从而形成标准化的评分与水平等级标准。随着我国竞技类健美操体育水平的不断提升，动作难度、体操水平的要求评定等级也在不断提高。积极调动学生、家长与学校的参与积极性，需要建立管理标准与激励制度等，从而形成科学的管理方式。

从高校角度来说，首先，应当加强对于运动员的管理，从奖励策略、训练时间保障、学习成绩规划以及毕业出路安排等多个方面进行全面管理，从而让学生消除参与竞技健美操训练的后顾之忧。

其次，要针对训练制度进行规范，高校应当建立专门的财政补助，形成对于竞技类健美操运动的场地、设备设施以及运动员后勤保障的专业供给，从而形成专业训练水平更高的物质基础。

再次，要对于教练员的水平进行考评，高校应当选择水平更高、艺术素养全面的教练员担任教练员，从而保障训练水平及训练效果。

最后，要形成校园氛围，将竞技类健美操融入校园文化建设中，使其成为校园文化建设的一部分，从全校园内塑造起参与竞技健美操的积极氛围，鼓励更多学生主动参与竞技健美操的选拔、训练与参赛等，从而形成对于竞技健美操的环境支持。

### 二、高校竞技健美操的制度不断完善

竞赛制度是保证比赛顺利进行的关键，要想确保整个管理工作顺利进行就必须围绕健美操竞赛制订一系列健全的制度，包括针对运动、教练员、管理人员的各项制度。在高校也可以组织各式各样的比赛如大学生运动会、校运动会、各学院运动会、班级也可适当的组织健美操运动。比赛形式也可灵活多变，比赛中

可以采取6人竞技操、3人竞技操和个人竞技操从不同的角度提高和创新难度动作。在校健美操比赛中，组织团体操，促进各学院之间的交流，也促进校园文化生活。

与此同时，高校也可以适当组织班级竞技健美操的比赛，尤其是体育学院的学生，更有必要组织类似的活动，不仅可以提高本专业的竞技水平，提高动作难度，而且可以加强同学之间的相互配合。相信在不久的将来，高校竞技健美操的竞赛制度将会随着社会竞技健美操制度的完善而不断完善和发展。

### 三、高校竞技健美操的受众不断扩大

党的十九大报告提出"广泛开展全民健身活动，加强推进体育强国建设"号召，重视我国竞技体育的发展，而竞技健美操也是竞技体育中不可分割的重要组成部分。近几年来，部分学校对竞技健美操的投入力度不断扩大，学生对竞技健美操的喜爱程度不断加深，为满足学生学习竞技健美操的积极性和提高竞技健美操的竞技水平，他们需要更多更专业的教练，需要更专业的老师引领竞技健美操进入更好的境界。高校对健美操队员的培养，将有利于缓解这种现象，也为解决社会就业压力提供一份保障。

国民经济发展，人民生活水平提高，体育运动越来越受欢迎，其中健美操就是一项深受群众喜爱的项目，对塑造人的形体美和陶冶人的情操起到了重大作用。竞技健美操以其动作的多样性、协调性、节奏性、韵律性受到大学生的喜爱，也受到广大青年的喜爱。随着学校体育改革创新的不断深入，越来越多的高校领导注重各个项目的全面发展，体育运动项目呈现百花齐放的发展态势，竞技健美操以它独特的韵律体现自身的体育价值，因此越来越多的高校选择将健美操纳入体育教学的行列，参与此项运动的人员数量不断增加，氛围越来越浓厚。与此同时，国家相关部门大力扶持，出台政策，再加上地方各高校也不断开展健美操比赛，吸引了更多练习者的加入。

### 四、高校竞技健美操的水平越来越高

高校的大学生群体人数众多且往往具备良好的身体素质与综合艺术素养，这为竞技健美操在高校中发展提供了人员基础，应当重视高校在竞技健美操发展中的特殊地位。我国竞技健美操起步晚、发展慢，专业运动员和教练员的缺失是重

要阻碍，因此如何在拥有大量师资、科研、学生人数基础的高校中选拔出合格的健美操运动员应当成为竞技健美操发展的主要方向。高校在此期间应当重视健美操系统训练体系的构建，拓展训练团队的形成方式，完善运动员管理水平，提升教练员的选拔方式等，从而促进高校健美操水平的进一步提升。通过这样的基础建设，能够将高校建成为竞技健美操发展的主要阵地，为我国的竞技健美操运动输送更多的高质量健美操运动员。

在世界范围内出现的竞技健美操水平不断提升的环境基础下，我国的竞技类健美操逐渐会出现水平和质量上的提升，这既是我国体育项目发展的必然，同时也是世界环境发展带来的客观压力，对于专业性、综合性、艺术性等均提出了更高要求。在未来无论是运动员还是教练员，其专业水平均会出现巨大的提升空间，教练员和运动员均应当积极了解竞技健美操的发展规律，积极适应国际运动赛事的规则变化等。相信在国家和高校的共同努力下，以及在社会各界的帮扶与支持下，我国的竞技健美操将会有很大的进步与改善，我国的优秀运动员也会越来越多，我国的竞技健美操水平也会越来越高。

竞技健美操以其独特的运动形式在高校普及，为实现我国竞技健美操的发展，我们还必须对竞技健美操的动作技术进行不断地创新，对竞技健美操各个方面进行改进和完善，培养高校健美操人才，为我国体育事业发展添加一份力量。

# 结束语

随着高校体育教学改革的不断推进，高校健美操运动正越来越受到高校学生的喜爱和重视。健美操运动对学生的节奏感、身体协调性以及身体健康有着重要作用。

本书基于健美操运动相关理论，重点围绕健美操发展创新的基本要素、健美操教学的创新发展、健美操创编与竞技健美操创编发展、健美操基础技术训练及其发展、健美操运动多元发展创新趋向进行论述研究，以期对我国高校健美操教育教学工作的发展提供有意义的借鉴和参考。

# 参考文献

［1］陈璐.高校健美操教学模式创新研究［J］.黑龙江科学，2020，11（23）：98-99.

［2］陈思诗，施倍华.竞技健美操中的身体控制技术训练研究［J］.运动精品，2021，40（01）：72-74.

［3］陈晓洁.高校健美操运动竞赛及训练的现状和对策分析［J］.当代体育科技，2020，10（17）：162-163.

［4］程佳.高校健美操教学的多元智能理论实践应用分析［J］.科技风，2020（19）：47-48.

［5］丁珊.高校健美操教学改革发展思路研究［J］.长治学院学报，2019，36（02）：80-81.

［6］高飞燕.高校学生健美操创编能力的培养［J］.体育世界（学术版），2019（10）：103-104.

［7］何畅.多元目标导向下健美操教学的实施办法［J］.当代体育科技，2019，9（02）：80+82.

［8］金颖.浅析健美操对高校学生心理素质的影响［J］.当代体育科技，2019，9（22）：156-157.

［9］康丹丹.高校健美操教学与创新研究［M］.北京：北京工业大学出版社，2019.

［10］孔晶晶.多元目标导向下健美操教学的实施办法［J］.当代体育科技，2019，9（19）：158-160.

［11］李冬莲.高校健美操教学理论与实践研究［M］.石家庄：河北人民出版社，2019.

［12］李鹤.高校健美操教学中学生主体性发展的思路分析［J］.科技资讯，

2020，18（12）：200-201.

［13］李沙，庞赓.高校健美操教学中渗透人文素质教育的研究［J］.当代体育科技，2021，11（03）：4-6.

［14］刘畅."健康中国"视域下高校健美操选项课程的优化与创新［J］.当代体育科技，2020，10（13）：164-165.

［15］刘秀政，赵金岭.我国高校竞技健美操教学中体能训练研究［J］.运动精品，2018，37（11）：3-4.

［16］罗小艳.浅谈竞技健美操成套动作的创编技巧［J］.当代体育科技，2018，8（30）：228-229.

［17］吕佩桢.多媒体技术在高校健美操教学中的应用［J］.当代体育科技，2020，10（25）：88-90.

［18］吕雪.创新教育在高校健美操教学中的实践［J］.科技资讯，2020，18（23）：230-231+234.

［19］吕玉萍.新课程改革背景下高校健美操创新发展路径［J］.当代体育科技，2019，9（10）：1+3.

［20］马玲，黄燕，李杰.高校健美操运动创新发展研究［M］.北京：中国时代经济出版社，2014.

［21］蒙宇，黄咏.高校课程中健美操体能训练研究［J］.当代体育科技，2021，11（08）：111-113.

［22］牛程程.高校健美操教学中培养学生创编能力的研究［J］.当代体育科技，2021，11（01）：96-97+100.

［23］潘苣骥."以赛促教、以赛促学"教学模式在高校健美操课程教学中的应用［J］.长春大学学报，2021，31（04）：93-95+100.

［24］王丹阳，张晓波，邓惠茹.健康中国视域下高校健美操教改与健康教育融合发展研究［J］.当代体育科技，2021，11（03）：193-195.

［25］王芳.高校健美操教学对大学生心理健康影响的探究［J］.体育科技，2019，40（06）：39-40.

［26］王芳芳.音乐在高校健美操教学中的运用［J］.科教导刊（上旬刊），2019（19）：119-120.

［27］王桂莲.高校健美操教学中学生音乐节奏感的培养研究［J］.当代体

育科技，2016，6（32）：105+107.

［28］王红芳.高校健美操教学对大学生心理健康的促进作用［J］.青少年体育，2020（11）：49-50.

［29］王红芳.高校健美操教学中音乐节奏感培养探析［J］.运动，2018（12）：108-109.

［30］王建利，苏笑朋.高校健美操教学模式的创新与变革［J］.当代体育科技，2021，11（02）：1-2+5.

［31］王社雄，申桂芳，王文毅.高校健美操教学理论创新与实践探索［M］.北京：现代教育出版社，2016.

［32］杨敏，祝振军.探究普通高校健美操教学改革理论与实践［J］.当代体育科技，2021，11（03）：101-102+105.

［33］杨晔.高校学生健美操创编能力的培养探讨［J］.当代体育科技，2020，10（14）：67-68.

［34］袁威.竞技健美操成套动作的创编技巧［J］.教育科学论坛，2018（25）：54-55.

［35］张辉平.基于竞赛规则演变视角下竞技健美操运动发展的探析［J］.当代体育科技，2019，9（03）：219-220+223.

［36］张建梅.浅谈高校体育健美操体能训练方法［J］.江西电力职业技术学院学报，2020，33（10）：63-64.

［37］张青.高校健美操教学模式的创新［J］.当代体育科技，2020，10（03）：55-56.

［38］张学.高校健美操教学与训练研究［M］.天津：天津科学技术出版社，2018.

［39］张亚兰.论竞技健美操运动员身体姿态控制技术训练［J］.科技信息，2012（01）：297.

［40］张瑜，范春来，王孝健.健美操教程［M］.哈尔滨：东北林业大学出版社，2017.

［41］张玉金.高校健美操运动规定动作特点分析［J］.长沙大学学报，2019，33（05）：157-160.

［42］赵晓菲.高校健美操教学中影响学生表现力的因素及培养对策探究

[J].当代体育科技,2021,11(10):122-124.

[43]赵晓玲.健美操教程[M].重庆:重庆大学出版社,2017.

[44]赵仰仰.浅谈健身健美操动作的创编[J].教育现代化,2019,6(34):251-252.

[45]郑加敏.形体训练在高校健美操运动中的应用研究[J].辽宁科技学院学报,2020,22(04):67-69.

[46]郑丽.创新教育在高校健美操教学中的实践[J].产业与科技论坛,2020,19(24):115-116.

[47]周骞.高校健身健美教程[M].北京:新华出版社,2018.